Cielo I

"Ela resplandecia com a glória de Deus,
e o seu brilho era como o de uma jóia muito preciosa,
como jaspe, clara como cristal."
(Apocalipse 21:11)

Cielo I

Tan Resplandeciente y Hermoso como el Cristal

Dr. Jaerock Lee

URIM BOOKS

Cielo I por Dr. Jaerock Lee

Publicado por Libros Urim (Representante: Kyungtae Noh)

73, Yeouidaebang-ro 22-gil, Dongjak-Gu, Seúl, Corea

www.urimbooks.com

Derechos de autor ©2011 por Dr. Jaerock Lee

ISBN: ISBN 978-89-7557-454-2, ISBN 978-89-7557-453-5

Derechos de traducción ©2008 por Dra. Esther K. Chung. Usada con permiso.

Publicado en coreano en el año 2002 por Libros Urim, Seúl, Corea

Primera Edición, Noviembre de 2005
Segunda Edición, Julio de 2011
Tercera Edición, junio de 2017

Edición en coreano por: Geumsun Vin

Traducido al español por: Aldo Guido-Spano Amoretti

Revisión Bíblica y teológica de la traducción por el Rev. Martín Álvarez

Edición en español por: Lic. Elena de Medina

Diseño por: Editorial de Libros Urim

Impreso por: LUT Press

Para mayor información contáctese con urimbook@hotmail.com

PREFACIO

El Dios de amor no solo conduce y guía a cada creyente por el camino de la salvación, sino también le revela los secretos del Cielo.

Es probable que al menos una vez en la vida uno se haga preguntas tales como: "¿A dónde iré después de vivir en este mundo?" o "¿Realmente existen el Cielo y el Infierno?".

Muchos incluso mueren antes de encontrar respuesta a tales preguntas, o aun si creen en la vida después de la muerte, no todos irán al Cielo, porque no todos tienen el adecuado y correcto conocimiento. El Cielo y el Infierno no son una fantasía, sino una realidad en el reino espiritual.

Por una parte, el Cielo es un lugar tan hermoso que no se puede comparar con nada en este mundo. En especial la belleza, la felicidad y la prosperidad de la Nueva Jerusalén, donde está el Trono de Dios, no puede se puede describir adecuadamente porque la ciudad está hecha con los mejores materiales, y con destreza y habilidades celestiales.

Por otra parte, el Infierno es un lugar lleno de un interminable y trágico dolor así como de castigo eterno. Su horrible realidad la describo en detalle en el libro *INFIERNO*. El Cielo y el Infierno llegaron a ser conocidos a través de Jesús y de Sus discípulos, e incluso hoy en día, se da a conocer por medio del pueblo de Dios que tiene una fe sincera en Él.

El Cielo es el lugar donde los hijos de Dios disfrutarán de la vida eterna; cosas maravillosas, bellas e inimaginables están preparadas para ellos. Por eso, usted llega a saber y a conocer del Cielo solo cuando Dios se lo permite y se lo muestra.

Por siete años oré y ayuné en forma continua para conocer más acerca del Cielo, y entonces, Dios comenzó a responderme. Ahora, Él me está mostrando más, y con mayor profundidad, los secretos del reino espiritual.

Debido a que el reino de los cielos no es parte del mundo visible, es muy difícil describirlo con el lenguaje y el conocimiento de este mundo. También, ello podría prestarse a malas interpretaciones. Por eso, el apóstol Pablo no pudo contar en detalle la visión que había tenido del Paraíso en el Tercer Cielo.

Por muchos meses, Dios me enseñó y me mostró muchos secretos del Cielo y pude predicar de la felicidad que habrá allí; de las muchas moradas y de las recompensas que, de acuerdo a la medida de fe, obtendremos en el reino celestial. Sin embargo, no pude predicar en forma detallada todo lo que había aprendido y recibido.

La razón por la cual Dios me permite dar a conocer a través de este libro, los secretos del reino espiritual es para salvar a la mayor cantidad de almas posible y mostrarles el camino al Cielo, un lugar que es tan resplandeciente y tan bello como el cristal.

Doy las gracias y toda la gloria a Dios por permitirme publicar *CIELO I - Tan Resplandeciente y Hermoso como el Cristal;* una descripción de un lugar tan diáfano y hermoso como el cristal, lleno de la gloria de Dios. Anhelo que, a través de estas páginas, pueda darse cuenta del gran amor de Dios, que le muestra los secretos del Cielo y que desea guiar a todo ser humano por la senda de la salvación para así poder alcanzarla. Asimismo, es mi anhelo que usted corra decididamente hacia la meta de la vida eterna en la Nueva Jerusalén.

Doy gracias a Geumsun Vin, Directora de la Casa Editorial y a su personal así como al Departamento de Traducción por el arduo trabajo desplegado a fin de lograr la publicación de este libro. Los bendigo en el nombre del Señor, para que a través de este libro, muchas almas lleguen a ser salvas y disfruten de la vida eterna en la Nueva Jerusalén.

Jaerock Lee

INTRODUCCIÓN

Confío en que a través de la lectura de este libro cada uno de ustedes llegue a comprender el paciente amor de Dios, logre un espíritu íntegro y completo, y corra diligentemente hacia la Nueva Jerusalén.

Doy las gracias y la gloria a Dios quien, a través de la publicación de los libros *INFIERNO* y de la serie *CIELO I* y *CIELO II*, ha guiado a numerosas almas a conocer correctamente el reino espiritual y a correr hacia la meta teniendo la esperanza del reino de los cielos.

Este libro consiste de diez capítulos, cuya lectura le dará a conocer claramente la vida, la belleza, las diferentes moradas en el Cielo y las recompensas que le serán otorgadas de acuerdo a la medida de fe. Esto es lo que Dios le ha revelado al Reverendo Dr. Jaerock Lee, por la inspiración del Espíritu Santo.

El capítulo 1, 'El Cielo: tan resplandeciente y hermoso como el cristal', describe la eterna felicidad que habrá en el Cielo, donde no habrá necesidad de la luz del sol ni de la luna.

El capítulo 2, 'El Huerto del Edén y el lugar de espera en el Cielo', explica la ubicación, el aspecto y la vida en el Huerto del Edén, para ayudarlo a entender mejor el Cielo. Este capítulo también relata el plan y la Providencia de Dios al haber puesto el árbol de la ciencia del bien y del mal y cultivar espiritualmente a los seres humanos. Además describe el lugar de espera en el Cielo, donde las almas salvas aguardan el Día del Juicio, la vida eterna en ese lugar, y quiénes son los que entran directamente a la Nueva Jerusalén.

El capítulo 3, 'Los siete años del Banquete de las Bodas', explica el Segundo Advenimiento de Jesucristo, los siete años de la Gran Tribulación, el regreso del Señor a la Tierra, el Milenio, y la vida eterna que seguirá.

El capítulo 4, 'Los secretos del Cielo ocultos desde la creación', trata de los enigmas del Cielo que fueron revelados a través de las parábolas de Jesús y nos explica cómo apoderarnos y gozar de las muchas moradas que hay en el reino celestial.

El capítulo 5, '¿Cómo viviremos en el Cielo?', explica la altura, el peso, y el color de piel del cuerpo espiritual, y cómo vivirá uno allí. A través de varios ejemplos, este capítulo también lo animará para avanzar más decididamente hacia el reino celestial con la gran esperanza de alcanzarlo.

El capítulo 6, 'El Paraíso', nos describe el Paraíso, el nivel más modesto en el cielo; y sin embargo, mucho más hermoso y feliz que este mundo. Igualmente, detalla la clase de personas que irán al Paraíso.

El capítulo 7, 'El Primer Reino de los Cielos', describe la vida y las recompensas del Primer Reino, en donde morarán aquellos que aceptaron a Jesucristo y se esforzaron por vivir de acuerdo a la Palabra de Dios.

El capítulo 8, 'El Segundo Reino de los Cielos', profundiza en la vida y en las recompensas del Segundo Reino, donde irán los que no alcanzaron la completa santidad, pero que cumplieron con sus deberes y servicio en la tierra. Igualmente enfatiza la importancia de la obediencia y de cumplir con nuestras tareas y responsabilidades.

El capítulo 9, 'El Tercer Reino de los Cielos', nos muestra la belleza y la gloria del Tercer Reino que no se puede comparar con la gloria del Segundo Reino. El Tercer Reino es solo para aquellos que se despojaron de todos sus pecados, incluso de su naturaleza pecaminosa, esforzándose y con la ayuda del Espíritu Santo. Nos explica el amor de Dios, quien permite las pruebas y las aflicciones para nuestro bien.

Por último, el capítulo 10, 'La Nueva Jerusalén', narra la Nueva Jerusalén, el lugar más hermoso y glorioso en el Cielo, donde está el Trono de Dios y nos explica quiénes irán a la Nueva Jerusalén. Este capítulo finaliza dando una mayor esperanza a los lectores, a través de los testimonios de dos personas y de sus respectivas moradas en la Nueva Jerusalén.

Dios ha preparado el Cielo, que es resplandeciente y diáfano como el cristal, para Sus amados hijos. Él desea que muchos sean salvos y espera ansiosamente ver que Sus hijos entren a la Nueva Jerusalén.

Espero y confío, en el nombre del Señor, que todos los lectores de esta obra *"CIELO I: Tan Resplandeciente y Hermoso como el Cristal*" comprendan el gran amor de Dios, alcancen el espíritu completo unido al corazón del Señor, y corran con energía y fuerza hacia la Nueva Jerusalén.

Geumsun Vin,
Directora de la Casa Editorial

 INDICE

Capítulo 1

El Cielo: tan resplandeciente
y hermoso como el cristal

"Después me mostró un río limpio de agua de vida, resplandeciente como cristal, que salía del trono de Dios y del Cordero. En medio de la calle de la ciudad, y a uno y a otro lado del río, estaba el árbol de la vida, que produce doce frutos, dando cada mes su fruto; y las hojas del árbol eran para la sanidad de las naciones. Y no habrá más maldición; y el trono de Dios y del Cordero estará en ella, y sus siervos le servirán, y verán su rostro, y su nombre estará en sus frentes. No habrá allí más noche; y no tienen necesidad de luz de lámpara, ni de luz del sol, porque Dios el Señor los iluminará; y reinarán por los siglos de los siglos."

- Apocalipsis 22:1-5

Mucha gente se pregunta y dice: "Se ha dicho que podemos vivir eternamente felices en el Cielo. ¿Qué clase de lugar es este?". Si escucha los testimonios de aquellos que han estado en el Cielo, podrá oír que la mayoría de ellos han atravesado por un largo túnel. Esto se debe a que el Cielo se encuentra en el reino

1

espiritual, que es muy diferente al mundo en el cual usted vive.

Aquellos que viven en este mundo tridimensional no saben en forma detallada cómo es el Cielo. Usted sabrá sobre este maravilloso mundo, que está en un nivel superior al de este mundo tridimensional, sólo cuando Dios se lo revele o cuando sus ojos espirituales sean abiertos. Si conoce en detalle acerca de este reino espiritual, no sólo su alma será feliz, sino también su fe crecerá rápidamente y será amado por Dios. Por eso, Jesús transmitió los secretos del Cielo por medio de muchas parábolas y el Apóstol Juan explica detalladamente lo referente al Cielo en el libro de Apocalipsis.

Entonces, ¿qué clase de lugar es el Cielo y cómo van a vivir ahí las personas? En las páginas que siguen, usted dará una breve mirada al Cielo, que es tan resplandeciente y hermoso como el cristal; lugar que Dios ha preparado para compartir eternamente Su amor con Sus hijos.

Los nuevos cielos y la nueva tierra

El primer cielo y la primera tierra que Dios creó eran tan relucientes y hermosos como el cristal, pero fueron condenados debido a la desobediencia del primer hombre, Adán. La industrialización rápida y de gran alcance al igual que el desarrollo de la ciencia y de la tecnología, han contaminado esta tierra y hoy muchos claman y reclaman la protección de la naturaleza.

Por tanto, cuando el tiempo llegue, Dios trasladará a otro lugar el primer cielo y la primera tierra y establecerá un nuevo

Cielo y una nueva tierra. Aunque esta tierra esté contaminada, todavía es necesaria para cultivar y formar a los verdaderos hijos de Dios que entrarán al reino de los cielos.

Al principio, Dios creó la tierra, y luego al hombre, y puso al hombre en el Huerto del Edén. Le dio la mayor libertad y abundancia, permitiéndole todo, excepto comer del árbol de la ciencia del bien y del mal. El hombre, sin embargo, desobedeció el único mandamiento que Dios le había dado y fue, consecuentemente, echado fuera a esta tierra, es decir, al primer cielo y a la primera tierra.

Debido a que el Dios Todopoderoso sabía que la raza humana se perdería y moriría porque la paga del pecado es muerte, Dios había preparado a Jesucristo, aún antes del comienzo de los siglos y lo envió a este mundo justo en el momento preciso.

De este modo, cualquiera que acepte a Jesucristo y el hecho de que fue crucificado y resucitó, será transformado en una nueva criatura y podrá ir al nuevo cielo y a la nueva tierra y disfrutar de la vida eterna.

El nuevo Cielo, tan claro y azul como el cristal

El nuevo cielo que Dios ha preparado está lleno de aire limpio que lo hace verdaderamente claro, puro, y despejado a diferencia del aire en este mundo. Imagínese un cielo claro e inmenso con solo nubes blancas. ¡Qué maravilloso!

¿Por qué Dios hará el nuevo cielo azul? Espiritualmente, el color azul da una sensación de profundidad, altura y pureza. El agua es tan pura como se ve azul. Mientras mira al cielo azul, al mismo tiempo podrá sentir su corazón renovarse. Dios hizo el cielo de este mundo azul porque también hizo su corazón limpio y le dio ese corazón para buscar al Creador. Si puede declarar, mirando al cielo claro y azul: "Mi Creador debe estar ahí arriba. ¡El hizo todo tan hermoso!", su corazón será purificado y vivirá una vida buena.

¿Qué sucedería si todo el cielo fuera amarillo? En vez de sentir alivio, la gente se sentiría ansiosa, inquieta y confusa, y algunos podrían incluso sufrir de problemas mentales. De igual forma, la mente de las personas puede ser renovada, cambiada o confundida de acuerdo a los diferentes colores. Por eso, Dios ha hecho, en los Cielos, un nuevo cielo azul y ha puesto sólo nubes blancas a fin de que Sus hijos puedan vivir felices, con corazones tan transparentes y hermosos como el cristal.

La nueva tierra en el Cielo hecha de oro puro y de piedras preciosas

¿Cómo será la nueva tierra en el Cielo? En la nueva tierra en el Cielo, la cual ha hecho Dios tan limpia y resplandeciente como el cristal, no hay polvo ni suciedad. La nueva tierra está formada sólo de oro puro y de piedras preciosas. ¡Qué maravilloso será estar en el Cielo donde hay caminos resplandecientes hechos de oro puro y de piedras preciosas!

Este mundo está hecho de tierra, que cambia con el transcurso del tiempo. Este cambio le permite saber lo insignificante que es la vida y la muerte. Dios ha formado este mundo de tierra y ha permitido que todas las plantas que crecen aquí se marchiten para hacernos ver que la vida en este mundo tiene un principio y un final.

El Cielo está hecho de oro puro y de piedras preciosas que no cambian porque es un mundo eterno y verdadero. Además, así como crecen las plantas en esta tierra, crecerán también en el Cielo cuando sean sembradas. Sin embargo, a diferencia de las de este mundo no se marchitarán.

Es más, incluso los montes y los castillos están hechos de oro puro y de piedras preciosas. ¡Se imaginan lo resplandecientes y hermosos que serán! Usted deberá tener una verdadera fe para ver esta belleza y felicidad en el Cielo, que no se puede describir adecuadamente con palabras.

Fin del primer Cielo y de la primera Tierra

Cuando este hermoso nuevo cielo y nueva tierra surjan, ¿qué pasará con el primer cielo y la primera tierra?

"Y vi un gran trono blanco y al que estaba sentado en él, de delante del cual huyeron la tierra y el cielo, y ningún lugar se encontró para ellos" (Apocalipsis 20:11).

"Vi un cielo nuevo y una tierra nueva; porque el primer cielo y la primera tierra pasaron, y el mar ya no existía más" (Apocalipsis 21:1).

Cuando las personas cultivadas y formadas en esta tierra sean juzgadas, el primer cielo y la primera tierra pasarán. Esto significa que no desaparecerán completamente sino que se reubicarán en otro lugar.

¿Por qué Dios moverá el primer cielo y la primera tierra en lugar de deshacerse de ellos completamente? Se debe a que si los removiera en su totalidad, Sus hijos que están viviendo en el Cielo los extrañarían. Aun a pesar de haber sufrido aflicciones y pesares en el primer cielo y la primera tierra, a veces los echarán de menos porque alguna vez fue su hogar. Sabiendo esto, el Dios de amor no los desaparece completamente sino que los mueve a otra parte en el universo.

El universo en el cual vive es un mundo infinito, y hay muchos otros universos. Por tanto Dios trasladará el primer cielo y la primera tierra a uno de los rincones de estos universos y así permitirá que Sus hijos los visiten tan frecuentemente como sea necesario.

No habrá más lágrimas, lamento, muerte ni enfermedad.

En el nuevo cielo y la nueva tierra, donde vivirán los hijos de Dios salvos por fe, no hay más maldición y es un lugar lleno de dicha. En Apocalipsis 21:3-4, vemos que en el cielo no habrá más lágrimas, lamento, muerte, luto, ni enfermedad porque Dios estará ahí.

"Y oí una gran voz del cielo que decía: He aquí el tabernáculo de Dios con los hombres, y él morará con ellos; y ellos serán su pueblo, y Dios mismo estará con ellos como su Dios. Enjugará Dios toda lágrima de los

ojos de ellos; y ya no habrá muerte, ni habrá más llanto,
ni clamor, ni dolor; porque las primeras cosas pasaron".

¡Qué triste sería si usted estuviera muriéndose de hambre, e incluso sus niños estuvieran llorando de hambre, y no hubiera alimento! ¿De qué serviría si alguien viniese y le dijera: "Estás llorando de hambre...", y secara sus lágrimas, pero no le diera nada? En este caso, ¿cuál sería la verdadera ayuda? Pues que esa persona le diera algo de comer para que usted y sus niños no murieran de hambre. Sólo después de eso, tanto usted como sus hijos, dejarían de llorar.

De la misma manera, decir que Dios secará toda lágrima de nuestros ojos, significa que si es salvo y va al Cielo, no habrá allí más preocupaciones ni ansiedades porque no habrá más lágrimas, dolor, muerte, lamento, ni enfermedades.

Por una parte, sea que crea o no en Dios, en este mundo pasará por alguna clase de aflicción o tristeza. La gente del mundo se aflige mucho aun al sufrir una pequeña pérdida. Por otro lado, los que creen gemirán con amor y misericordia por aquellos que aún no son salvos.

Una vez que vaya al cielo, sin embargo, no tendrá que preocuparse de la muerte, o que otras personas pequen y sufran la muerte eterna. No tendrá que padecer por el pecado, por eso no habrá ninguna clase de lamento.

En esta tierra, cuando se está triste, uno se lamenta o gime de dolor. En el Cielo, no obstante, no hay necesidad de luto ni de lamento porque no habrá ningún tipo de enfermedad ni de preocupación. Sólo habrá una eterna felicidad.

El Río de Agua de Vida

En el Cielo, el Río de Agua de Vida, resplandeciente como el cristal, fluye en medio de una gran calle. En Apocalipsis 22:1-2 se describe este Río de Agua de Vida, y estoy seguro que con tan sólo imaginárselo se sentirá inmensamente feliz.

"Después me mostró un río limpio de agua de vida, resplandeciente como cristal, que salía del trono de Dios y del Cordero. En medio de la calle de la ciudad, y a uno y a otro lado del río, estaba el árbol de la vida, que produce doce frutos, dando cada mes su fruto; y las hojas del árbol eran para la sanidad de las naciones".

Una vez nadé en una parte muy clara del Océano Pacífico y el agua era tan transparente que podía ver las plantas del mar y los peces. Fue tan hermoso que me sentí muy feliz de estar ahí. Aún en este mundo, puede sentir que su corazón está siendo renovado y purificado cuando contempla el agua transparente. ¡Se imaginan la felicidad que se experimentará en el Cielo, donde el Río de Agua de Vida, resplandeciente como el cristal, fluye en medio de una gran calle!

El Río de Agua de Vida

Aun en este mundo, si uno mira al claro y limpio mar, ve el sol reflejado en sus ondas, resplandeciendo hermosamente. El Río de Agua de Vida en el Cielo se ve azul desde muy lejos, pero si lo ve de cerca, es tan claro, hermoso, inmaculado y puro que se puede decir que 'es tan claro y transparente como el cristal'.

¿Por qué el Río de Agua de Vida fluye desde el trono de Dios y del Cordero? Espiritualmente, el agua se refiere a la Palabra de Dios, que es el alimento de vida y que da la vida eterna. Jesús dice en Juan 4:14: *"Mas el que bebiere del agua que yo le daré, no tendrá sed jamás; sino que el agua que yo le daré será en él una fuente de agua que salte para vida eterna"*. La Palabra de Dios es el Agua de Vida Eterna que da vida y por eso el Río del Agua de Vida fluye del Trono de Dios y del Cordero.

¿Cómo será el sabor del Agua de Vida? Es algo tan dulce que no se puede experimentar en este mundo y una vez que la beba le dará energía y vigor. Dios dio el Agua de Vida a los seres humanos, pero luego de la caída de Adán, el agua en este mundo fue maldecida junto con todo lo demás. Desde entonces, la gente en la Tierra no ha podido saborear el Agua de Vida. Sólo podrá probarla después de ir al Cielo. En este mundo las personas beben agua contaminada y buscan bebidas artificiales, como gaseosas, en vez de agua. De igual forma, el agua en este mundo jamás podrá dar vida eterna, pero el Agua de Vida en el Cielo, la Palabra de Dios, da vida eterna. Es más dulce que la miel que cae del panal, y le da fortaleza a su espíritu.

El río fluye alrededor de todo el Cielo

El Río de Agua de Vida que fluye del Trono de Dios y del Cordero es exactamente como la sangre que mantiene vivo su cuerpo. Fluye alrededor de todo el Cielo en medio de una gran calle y regresa al Trono de Dios. ¿Por qué el Río de Agua de Vida fluye por todo el Cielo en medio de una gran calle?

Primeramente, el Río de Agua de Vida es la forma más fácil de ir al Trono de Dios. Por eso, para ir a la Nueva Jerusalén donde está el Trono de Dios, tan sólo se sigue la calle hecha de oro puro que está a cada lado del río.

En segundo lugar, en la Palabra de Dios está el camino al Cielo y se puede entrar ahí solamente cuando se sigue el camino de la Palabra de Dios. Como Jesús dice en Juan 14:6: *"Yo soy el camino, y la verdad, y la vida; nadie viene al Padre, sino por mí"*, el camino al Cielo está en la Palabra de verdad, que es la de Dios. Cuando se obra de acuerdo a la Palabra de Dios, se puede entrar al Cielo donde la Palabra de Dios, el Río de Agua de Vida, fluye y corre.

De igual forma, Dios ha diseñado el Cielo de tal manera que si se sigue exactamente el Río de Agua de Vida, se puede llegar a la Nueva Jerusalén en donde se encuentra el Trono de Dios.

Arena de oro y de plata en la orilla

¿Qué habrá al lado del Río de Agua de Vida? Primero notará que hay arena de oro y de plata que se extiende a lo largo y ancho. La arena en el Cielo es grande, redonda y tan suave que no se adherirá ni se pegará en absoluto a ninguna ropa ni vestimenta aun cuando juegue con ella.

Además hay muchas bancas y cómodos asientos decorados con oro y piedras preciosas. Cuando usted y sus seres queridos se sientan a conversar entretenidamente en estas bancas, hermosos ángeles los atenderán.

En este mundo se admira a los ángeles, pero en el Cielo los ángeles lo llamarán 'amo' y le servirán lo que desee. Si desea alguna fruta, el ángel se la traerá al instante en una canasta decorada con piedras preciosas o flores.

Además, a ambos lados del Río de Agua de Vida hay bellas flores de muchos colores, aves y toda clase de animales. Estos también le sirven como su señor y usted puede compartir su amor con ellos. ¡Qué maravilloso y hermoso es este Cielo con el Río de Agua de Vida!

El Árbol de Vida a uno y otro lado del río

Apocalipsis 22:1-2 explica en detalle el árbol de vida en cada lado del Río de Agua de Vida.

"Después me mostró un río limpio de agua de vida, resplandeciente como cristal, que salía del trono de Dios y del Cordero. En medio de la calle de la ciudad, y a uno y otro lado del río, estaba el árbol de vida, que produce doce frutos, dando cada mes su fruto; y las hojas del árbol eran para la sanidad de las naciones".

¿Por qué Dios ha colocado el árbol de vida que produce doce frutos a ambos lados del río?

Primeramente, Dios quiere que todos Sus hijos que entren al reino celestial puedan sentir la belleza y la vida del Cielo. También desea recordarles que están produciendo el fruto del

11

Espíritu Santo cuando obran de acuerdo a la Palabra de Dios, exactamente como cuando en este mundo se logra buenas cosechas al trabajar arduamente.

En este punto se debe entender algo. Llevar doce frutos no significa que un árbol produce los doce frutos, sino que doce diferentes clases de árboles de vida producen cada fruto. En la Biblia puede ver que las doce tribus de Israel fueron formadas de los doce hijos de Jacob, y a través de estas doce tribus, la nación de Israel fue constituida y las naciones que aceptan el cristianismo han sido levantadas alrededor del mundo. Incluso Jesús escogió a Sus doce discípulos y el evangelio fue predicado y difundido a través de ellos.

Por lo tanto, los doce frutos del árbol de vida significan que cualquier persona de cualquier nación lleva el fruto del Espíritu Santo y entra al Cielo si pone por obra la fe.

Si come de los hermosos y apetitosos frutos del Árbol de la Vida, se sentirá renovado y más feliz. Además, tan pronto como lo haya tomado, otro fruto lo reemplazará inmediatamente, del tal forma que nunca se agotarán. Las hojas del Árbol de la Vida son de color verde oscuro y brillante, y así permanecerán para siempre porque no se caerán ni se marchitarán. Estas verdes y brillantes hojas son más grandes que las de los árboles de este mundo y crecen de forma muy ordenada.

El Trono de Dios y del Cordero

Apocalipsis 22:3-5 describe la ubicación del Trono de Dios y del Cordero en medio del Cielo.

"Y no habrá más maldición; y el trono de Dios y del Cordero estará en ella, y sus siervos le servirán, y verán su rostro, y su nombre estará en sus frentes. No habrá allí más noche; y no tienen necesidad de luz de lámpara, ni de luz del sol, porque Dios el Señor los iluminará; y reinarán por los siglos de los siglos".

El Trono está en medio del Cielo

El Cielo es el lugar eterno donde Dios reina con amor y justicia. En la Nueva Jerusalén, situada en medio del Cielo, está el Trono de Dios y del Cordero. El Cordero mencionado se refiere a Jesucristo (Éxodo 12:5; Juan 1:29; 1 Pedro 1:19).

No todos pueden entrar al lugar en donde Dios permanece. Este lugar está ubicado en un espacio de otra dimensión de la Nueva Jerusalén. En este lugar, el Trono de Dios es mucho más hermoso y brillante que el que está en la Nueva Jerusalén.

El Trono de Dios en la Nueva Jerusalén es donde Dios Mismo desciende cuando Sus hijos lo adoran o celebran banquetes. Apocalipsis 4:2-3 describe a Dios sentado en Su Trono.

"Y al instante yo estaba en el Espíritu; y he aquí, un trono establecido en el cielo, y en el trono, uno sentado. Y el aspecto del que estaba sentado era semejante a piedra de jaspe y de cornalina; y había alrededor del trono un arco iris, semejante en su aspecto a la

13

esmeralda".

Alrededor del Trono están veinticuatro ancianos sentados, vestidos con ropas blancas, con coronas de oro en sus cabezas. Ante el Trono están los Siete Espíritus de Dios y un mar cristalino, tan resplandeciente como el cristal. En el centro y alrededor del Trono están cuatro criaturas o seres vivientes y una multitud de huestes celestiales y ángeles.

Además, el Trono de Dios está cubierto de luces. Es tan hermoso, portentoso, majestuoso, digno e inmenso que va más allá de todo entendimiento humano. Asimismo, al lado derecho del Trono de Dios está el Trono del Cordero, nuestro Señor Jesús. Definitivamente es diferente al Trono de Dios, pero la Trinidad de Dios, el Padre, el Hijo y el Espíritu Santo, tiene el mismo corazón, las mismas características y el mismo poder.

Podrá conocer más detalladamente acerca del Trono de Dios en el segundo volumen de *CIELO II,* titulado *'Lleno de la Gloria de Dios'.*

No hay noche ni día

Dios gobierna y reina con amor y justicia sobre el Cielo y el universo desde Su Trono, que resplandece con la santa, pura y hermosa luz de gloria. El Trono está en medio del Cielo y detrás del Trono de Dios está el Trono del Cordero, en el que también brilla la luz de gloria. Por eso, el Cielo no necesita del sol ni de la luna, ni de ningún otro tipo de luz o energía que ilumine. En el cielo no hay día ni noche.

En este sentido, Hebreos 12:14 lo insta a: *"Seguid la paz con todos, y la santidad, sin la cual nadie verá al Señor"*.

Jesús, en Mateo 5:8 promete: *"Bienaventurados los de limpio corazón, porque ellos verán a Dios"*.

Por tanto, aquellos creyentes que han desechado toda maldad de sus corazones y han obedecido completamente la Palabra de Dios, podrán ver el rostro de Dios. En la medida en que se asemejen al Señor, los creyentes serán bendecidos en este mundo, y en el Cielo, vivirán más cerca del Trono de Dios.

¡Cuán felices serán los que puedan ver el rostro de Dios, servirle y compartir Su amor por siempre! Sin embargo, así como usted no puede ver al sol directamente debido a su resplandor, aquellos que no se asemejen al corazón del Señor, no podrán ver a Dios de cerca.

La verdadera felicidad eterna en el Cielo

Usted podrá disfrutar de una felicidad verdadera y real en Cielo porque es el mejor regalo que Dios ha preparado con sobreabundante amor para Sus Hijos. Los ángeles servirán a los hijos de Dios, como dice en Hebreos 1:14: *"¿No son todos espíritus ministradores, enviados para servicio a favor de los que serán herederos de la salvación?"* Así como las personas tienen diferentes medidas de fe, igualmente, se diferenciará el tamaño de las moradas y el número de ángeles ministradores de acuerdo al grado en que se asemejen a Dios.

Serán servidos como príncipes y princesas porque los ángeles 'leerán' las mentes de sus amos a quienes han sido asignados y prepararán todo aquello que deseen. También los animales y las plantas amarán y servirán a los hijos de Dios. Los animales en el Cielo obedecerán incondicionalmente a los hijos de Dios y, en algunas ocasiones, harán todo lo posible por hacer cosas divertidas y jocosas para agradarles porque no tendrán maldad.

¿Y que sucederá con las plantas en el Cielo? Cada planta tiene una única y preciosa esencia y cuando los hijos de Dios se acerquen, despedirán ese perfume. Las flores darán su mejor fragancia a los hijos de Dios y el aroma se esparcirá a lo lejos. Además, el perfume se reproducirá y se reconstituirá tan pronto como sea despedido.

Del mismo modo, los frutos de las doce clases del árbol de la vida tienen sabor y gusto propio. Si huele la fragancia de las flores o come del árbol de la vida se sentirá tan feliz y renovado que no podrá compararlo con ninguna otra cosa en este mundo. Además, a diferencia de las plantas en la tierra, las flores en el Cielo sonreirán cuando los hijos de Dios se les aproximen, incluso danzarán para sus dueños y también podrán conversar con ellas.

Aunque alguien tome una flor, no la lastimará ni la dañará, sino que será restituida por el poder de Dios. La flor que es tomada se disolverá en el aire y desaparecerá. La fruta que hayan comido también se disolverá como hermosas fragancias y desaparecerá por medio de la respiración.

Hay cuatro estaciones en el Cielo y los habitantes podrán disfrutar del cambio de estaciones. La gente sentirá el amor de Dios disfrutando de las características especiales de cada estación: primavera, verano, otoño e invierno. Alguno podrá preguntarse:

"¿Aún en el cielo continuaremos padeciendo de calor agobiante en el verano y de frío en el invierno?" El clima en el cielo, sin embargo, está acondicionado de la forma más perfecta para que vivan los hijos de Dios, y no tendrán que sufrir de calor ni de frío. A pesar que los cuerpos espirituales no pueden sentir frío ni calor, incluso en lugares fríos o calurosos podrán sentir el aire caliente o fresco. Por lo cual, en el Cielo nadie padecerá de calor ni de frío.

En el otoño los hijos de Dios podrán disfrutar de la hermosa caída de las hojas, y en el invierno podrán ver la blanca nieve. Podrán disfrutar de su belleza, que es mucho más hermosa que cualquier otra cosa en este mundo. La razón por la que Dios ha hecho en el Cielo las cuatro estaciones es para que Sus hijos sepan que toda cosa que deseen para su deleite y gozo está preparada y lista en el Cielo. También es una muestra de Su amor para complacer y contentar a Sus hijos cuando extrañen este mundo en el cual han sido cultivados y formados hasta llegar a ser verdaderos hijos de Dios.

El Cielo es un mundo de cuatro dimensiones que no se puede comparar con este mundo. Está lleno del amor y del poder de Dios y allí se llevan a cabo innumerables eventos y actividades que no se pueden incluso llegar a imaginar. En el quinto capítulo hablaremos más de la vida eterna de los creyentes.

Solamente aquellos cuyos nombres estén escritos en el libro de la vida del Cordero podrán entrar al Cielo. Como menciona Apocalipsis 21:6-8, sólo aquel que bebe del Agua de la Vida y llega a ser hijo de Dios puede heredar el reino de Dios.

"Y me dijo: Hecho está. Yo soy el Alfa y la Omega, el principio y el fin. Al que tuviere sed, yo le daré gratuitamente de la fuente del agua de la vida. El que venciere heredará todas las cosas, y yo seré su Dios, y él será mi hijo. Pero los cobardes e incrédulos, los abominables y homicidas, los fornicarios y hechiceros, los idólatras y todos los mentirosos tendrán su parte en el lago que arde con fuego y azufre, que es la muerte segunda".

Es un deber y una obligación esencial del hombre temer a Dios y guardar Sus mandamientos (Eclesiastés 12:13). Por lo tanto, si usted no teme a Dios o infringe Su Palabra y continúa pecando, incluso sabiendo que está pecando, no podrá entrar al Cielo. Los hombres malvados, los homicidas, los adúlteros, hechiceros e idólatras quienes se hacen voluntariamente ignorantes y ciegos, definitivamente no entrarán al Cielo. Niegan a Dios, sirven a los demonios y creen en otros dioses siguiendo a Satanás.

Igualmente, todos aquellos que mienten a Dios y lo defraudan, que hablan y blasfeman en contra del Espíritu Santo, nunca entrarán al Cielo. Como he explicado en el libro *INFIERNO*, estas personas sufrirán un eterno castigo en el Infierno.

Por eso, ruego en el nombre del Señor para que todos ustedes no sólo reciban a Jesucristo y obtengan el derecho de ser hijos de Dios, sino que también disfruten de la eterna felicidad en este hermoso Cielo, que es tan resplandeciente como el cristal, obedeciendo y siguiendo la Palabra de Dios.

ᏬCapítulo 2ᏮᎤ

El Huerto del Edén
y el lugar de espera en el Cielo

"Y Jehová Dios plantó un huerto en Edén, al oriente; y puso allí al hombre que había formado. Y Jehová Dios hizo nacer de la tierra todo árbol delicioso a la vista, y bueno para comer; también el árbol de vida en medio del huerto, y el árbol de la ciencia del bien y del mal".

- Génesis 2:8-9

Adán, el primer hombre creado por Dios, vivió en el Huerto del Edén como espíritu viviente comunicándose con Dios. Después de mucho tiempo, Adán pecó desobedeciendo a Dios, comiendo del árbol de la ciencia del bien y del mal que Dios le había prohibido. En consecuencia su espíritu, que dominaba al hombre, murió. Fue echado fuera del Huerto del Edén y tuvo que vivir en esta tierra. Ahora bien, al morir el espíritu de Adán y Eva, la comunión con Dios se cortó. ¡Cuánto habrán extrañado el Huerto del Edén al vivir en esta tierra bajo maldición!

El omnisciente Dios sabía con anticipación de la desobediencia de Adán y preparó a Jesucristo para abrir el camino de la salvación cuando llegará el tiempo. Todo aquel que es salvo por fe heredará el Cielo, que no se puede ni siquiera comparar con el Huerto del Edén.

Luego que Jesús resucitara y subiera al Cielo a fin de preparar las moradas para los hijos de Dios, hizo un lugar de espera donde las personas salvas pudieran permanecer hasta el Día del Juicio. Demos una mirada al Huerto del Edén y al lugar de espera del Cielo a fin de comprenderlo mejor.

El Huerto del Edén donde Adán vivió

Génesis 2:8-9 nos describe el Huerto del Edén, donde vivieron Adán y Eva, el primer hombre y la primera mujer que Dios creó.

> *"Y Jehová Dios plantó un huerto en Edén, al oriente; y puso allí al hombre que había formado. Y Jehová Dios hizo nacer de la tierra todo árbol delicioso a la vista, y bueno para comer; también el árbol de vida en medio del huerto, y el árbol de la ciencia del bien y del mal".*

El Huerto del Edén era el lugar donde Adán, el primer espíritu viviente, iba a vivir. Por lo tanto tuvo que ser creado en algún lugar del mundo espiritual. ¿Dónde se encuentra actualmente el Huerto del Edén, hogar del primer hombre, Adán?

Ubicación del Huerto del Edén

Dios ha mencionado el término 'cielos' en muchos lugares de la Biblia a fin de hacerle saber que hay áreas en el mundo espiritual más allá del cielo que puede ver con sus ojos naturales. Al usar la palabra 'cielos' nos da a entender que hay varios lugares en el mundo espiritual.

> *"He aquí, de Jehová tu Dios son los cielos, y los cielos de los cielos, la tierra, y todas las cosas que hay en ella"* (Deuteronomio 10:14).

> *"El que hizo la tierra con su poder, el que puso en orden al mundo con su saber, y extendió los cielos con su sabiduría"* (Jeremías 10:12).

> *"Alabadle, cielos de los cielos, y las aguas que están sobre los cielos"* (Salmos 148:4).

Por tanto, debe entender que 'cielo' o 'cielos' no sólo significa el cielo visible a sus ojos naturales. En el Primer Cielo están el sol, la luna y las estrellas, y hay un Segundo Cielo y un Tercer Cielo que pertenecen al mundo espiritual. En 2 Corintios 12, el Apóstol Pablo habla del Tercer Cielo, el cual abarca desde el Paraíso hasta la Nueva Jerusalén.

El Apóstol Pablo estuvo en el Paraíso, que es el lugar para aquellos que tienen la menor medida de fe y el más alejado del Trono de Dios. Y ahí oyó acerca de los secretos del Cielo. A pesar de eso, confesó que eran 'cosas que al hombre no le está permitido expresar'.

Entonces ¿qué clase de mundo espiritual es el Segundo Cielo? Es diferente al Tercer Cielo, y en este Segundo Cielo se encuentra el Huerto del Edén. Muchos piensan que el Huerto del Edén está ubicado en la Tierra. Numerosos eruditos de la Biblia e investigadores continúan efectuando excavaciones arqueológicas y estudios alrededor de Mesopotamia y en las corrientes superiores de los ríos Eufrates y Tigris en el Oriente Medio. No obstante, hasta el momento no han descubierto nada. La razón por la que no pueden encontrar el Huerto del Edén en este mundo es porque el Segundo Cielo, donde está el Huerto del Edén, pertenece al mundo espiritual.

El Segundo Cielo es también el lugar donde están los espíritus malignos que han sido echados del Tercer Cielo luego de la rebelión de Lucifer. En Génesis 3:24, se cita:

"Echó, pues, fuera al hombre, y puso al oriente del huerto de Edén querubines, y una espada encendida que se revolvía por todos los lados, para guardar el camino del árbol de la vida".

Dios hizo esto para evitar que los espíritus malignos entraran al Huerto de Edén y que, al comer del árbol de la vida, llegaran a tener vida eterna.

Las puertas del Huerto del Edén

Ahora bien, no se debe suponer que el Segundo Cielo se encuentra sobre el Primer Cielo, y que el Tercer Cielo se encuentra encima del Segundo Cielo. No se puede entender el espacio de un mundo de cuatro y más dimensiones con el conocimiento y el intelecto que se tiene del mundo tridimensional. ¿Cómo están estructurados entonces todos los Cielos? El mundo tridimensional que se ve y los cielos espirituales que no se ven, parecen estar separados pero al mismo tiempo se encuentran entrelazados y conectados. Hay puertas que conectan el mundo tridimensional con el mundo espiritual.

Aunque no se puedan ver, hay puertas que unen el Primer Cielo con el Huerto del Edén en el Segundo Cielo. Hay también puertas que llevan al Tercer Cielo. Estas puertas no están situadas muy alto, sino se encuentran mayormente a la altura de las nubes que se pueden ver desde un avión.

En la Biblia se puede ver que hay puertas que van al Cielo (Génesis 7:11; 2 Reyes 2:11; Lucas 9:28-36; Hechos 1:9, 7:56). Así, cuando la puerta del Cielo se abre, se puede subir a un nivel del Cielo en el mundo espiritual y los que son salvos por fe pueden subir al Tercer Cielo.

Lo mismo sucede con el sepulcro (Hades) y el Infierno. Estos lugares también pertenecen al mundo espiritual y hay puertas que también llevan a ellos. Por lo tanto, cuando las personas sin fe mueren, descienden al Hades, que pertenece al Infierno o directamente van al Infierno a través de estas puertas.

El mundo espiritual y las dimensiones físicas coexisten

El Huerto del Edén, que se encuentra en el Segundo Cielo, está en el mundo espiritual, pero es diferente al mundo espiritual del Tercer Cielo. No es un mundo totalmente espiritual porque puede coexistir con el mundo físico.

En otras palabras, el Huerto del Edén es un estado o etapa intermedia entre el mundo físico y el mundo espiritual. El primer hombre Adán era un espíritu viviente, pero aún así tenía un cuerpo físico hecho de polvo. Así, Adán y Eva fructificaron y se multiplicaron en número, engendrando hijos de la misma forma que nosotros lo hacemos (Génesis 3:16).

Incluso luego de que el primer hombre, Adán, comiera del árbol del conocimiento del bien y del mal y fuera arrojado a este mundo, sus hijos que permanecieron en el Huerto del Edén aún viven hasta hoy como espíritus vivientes y no han experimentado la muerte. El Huerto del Edén es un lugar muy tranquilo donde no hay muerte. Está regido por el poder de Dios y controlado bajo las reglas y órdenes que Dios ha establecido. Aún cuando no hay sol, luna ni estrellas ni se distingue el día de la noche, los descendientes de Adán conocen de forma natural cuándo es tiempo de levantarse y moverse, cuándo es el momento de descansar, etc.

También, el Huerto del Edén tiene muchos rasgos similares con esta tierra. Está lleno de plantas, animales, e insectos. Igualmente tiene una hermosa e inagotable naturaleza. Sin embargo, no hay montañas altas, sino solamente lomas bajas. En estas lomas hay algunas casas parecidas a edificios en donde las personas pueden solo descansar pero no vivir en ellas.

Un lugar de vacaciones para Adán y sus hijos

El primer hombre, Adán, vivió por mucho tiempo en el Huerto del Edén, fructificándose y aumentando en número. Debido a que Adán y sus hijos eran espíritus vivientes, podían descender libremente a la tierra a través de las puertas del Segundo Cielo.

Dado que Adán y sus hijos por mucho tiempo visitaron la Tierra como su lugar de vacaciones, podrá darse cuenta que la historia de la humanidad es muy antigua. Algunos confunden esta historia con los seis mil años de antigüedad de la historia del cultivo de la civilización humana y, por eso, no creen en la Biblia.

Sin embargo, si usted da un vistazo cuidadoso a las misteriosas civilizaciones antiguas, se daría cuenta que Adán y sus hijos solían descender a la Tierra. Las pirámides y la esfinge de Giza, en Egipto, por ejemplo, son también las huellas y marcas de Adán y de sus hijos que vivían en el Huerto del Edén.

Tales huellas encontradas alrededor del mundo, han sido construidas de una manera muy sofisticada y con una ciencia y tecnología bastante avanzada, la cual no puede incluso ser imitada ni con el más moderno conocimiento científico de hoy. Por ejemplo, las pirámides contienen unos extraordinarios cálculos matemáticos, geométricos y conocimientos astronómicos que sólo pueden comprenderse por medio de avanzados estudios. Contienen muchos secretos que solamente pueden ser interpretados cuando se conoce con exactitud las constelaciones y el ciclo del universo. Algunos ven estas misteriosas civilizaciones antiguas como huellas de extraterrestres provenientes del espacio exterior, pero con la Biblia se puede resolver todo lo que incluso la ciencia no puede entender.

La huella de la civilización del Edén

Adán en el Huerto de Edén tenía conocimiento y destreza inimaginables. Esto fue resultado de lo que Dios le había enseñado del verdadero conocimiento y de la comprensión acumulada y desarrollada de ese conocimiento en el transcurso del tiempo. De esa forma, para Adán, que sabía todo acerca del universo y dominaba la Tierra, no le fue nada difícil construir las Pirámides y la Esfinge. Ya que Dios le había enseñado directamente, el primer hombre sabía todo lo que ahora no se conoce y lo que todavía no concibe la ciencia moderna.

Algunas pirámides fueron construidas por el conocimiento y la habilidad de Adán pero otras fueron levantadas por sus hijos, e incluso otras más fueron hechas por los pueblos de la Tierra, que trataron luego de mucho tiempo, de imitar las pirámides hechas por Adán. Todas estas pirámides tienen distintas diferencias tecnológicas, lo que se debe a que sólo Adán tenía la autoridad dada por Dios para someter a toda la creación.

Adán vivió por mucho tiempo en el Huerto del Edén, descendiendo ocasionalmente a la Tierra, pero fue echado del Huerto del Edén luego de cometer el pecado de desobediencia. Sin embargo, por algún tiempo luego de esto, Dios no cerró las puertas que conectaban la Tierra con el Huerto del Edén.

En consecuencia, los hijos de Adán que aún vivían en el Huerto del Edén descendieron libremente a la Tierra, y como descendían a menudo tomaron como esposas a las hijas de los hombres (Génesis 6:1-4).

Por ello, Dios cerró las puertas en el Cielo que conectaban con el Huerto del Edén. No obstante, estos viajes no se detuvieron completamente pero estuvieron bajo un estricto control. Debe darse cuenta que la mayoría de las misteriosas y desconocidas civilizaciones antiguas son huella de Adán y de sus hijos, en el tiempo en que libremente podían descender a la Tierra.

La historia del hombre y de los dinosaurios en la Tierra

¿Por qué los dinosaurios que vivían en la Tierra de repente se extinguieron? Esta es también una de las evidencias más importantes que nos dice lo antigua que es realmente la historia de la humanidad. Es un secreto que sólo puede ser resuelto con la Biblia.

Dios en realidad colocó a los dinosaurios en el Huerto del Edén. Eran apacibles, pero fueron echados a la Tierra porque cayeron en la trampa de Lucifer durante el período en el que Adán podía libremente ir y venir de esta Tierra al Huerto del Edén. Los dinosaurios fueron forzados a vivir en este mundo y tuvieron que buscar alimento constantemente. A diferencia del tiempo en que vivían en el Huerto del Edén donde todo era abundante, este mundo no podía producir suficiente alimento para sustentar los grandes cuerpos de estos dinosaurios. Comieron todos los frutos, granos y plantas y entonces comenzaron a devorar a los animales. Estaban a punto de destruir el medio ambiente y la cadena de vida y de sustento.

27

Dios finalmente decidió que no podía mantener por más tiempo a los dinosaurios en la Tierra y los exterminó con fuego del Cielo.

Hoy en día muchos estudiosos argumentan que los dinosaurios vivieron en esta tierra por mucho tiempo. Dicen que vivieron por más de 160 millones de años. No obstante, ninguna de estas declaraciones explica satisfactoriamente cómo tantos dinosaurios llegaron a existir de un momento a otro y cómo llegaron a extinguirse tan rápidamente. Asimismo, si aquellos dinosaurios inmensos hubieran evolucionado por mucho tiempo, ¿con qué se habrían alimentado para continuar viviendo?

De acuerdo con la teoría de la evolución, antes de que aparecieran tantas clases de dinosaurios, muchas otras clases de criaturas inferiores vivientes deberían haber existido, pero aún no hay ni una sola prueba de eso. Generalmente, para que cualquier clase o familia animal se extermine, primero decrece en número por algún tiempo y luego desaparece completamente. Sin embargo, los dinosaurios desaparecieron de un momento a otro.

Los eruditos sostienen que esto fue el resultado de un cambio repentino en el clima, la aparición de un virus o la radiación causada por la explosión de otra estrella o por la colisión de un gran meteorito con la Tierra. No obstante, si aquel cambio hubiera sido tan catastrófico como para aniquilar a todos los dinosaurios, entonces todo animal y planta debería igualmente haber sido exterminada. Sin embargo, otras plantas, aves o mamíferos, aún continúan viviendo hasta el presente día, por lo que la realidad no respalda la teoría de la evolución.

Incluso antes de que aparecieran los dinosaurios en esta Tierra, Adán y Eva ya vivían en el Huerto del Edén y descendían en algunas ocasiones a la Tierra. Por ello, la historia de la Tierra abarca millones de años.

Puede aprender y conocer más detalles sobre este tema en los Estudios sobre Génesis que se han predicado. A continuación explicaré la hermosa naturaleza del Huerto del Edén.

La belleza de la naturaleza del Huerto del Edén

Usted está recostado confortablemente en una llanura llena de árboles y flores frescas recibiendo la luz que suavemente envuelve todo su cuerpo y mirando hacia arriba al cielo azul donde nubes de una blanca pureza y de formas diversas están flotando.

Un lago hermosamente resplandeciente y una suave brisa que contiene dulces aromas de flores pasan rápidamente a su lado. Puede conversar entretenida y agradablemente con aquellos a quienes ama y sentirse feliz. De vez en cuando, puede recostarse en los amplios jardines o en una ruma de flores y sentir su dulce aroma al tocarlas suavemente. También puede reclinarse a la sombra de un árbol, lleno de grandes y apetitosos frutos y comer de ellos tanto como desee.

En el lago y en el mar hay muchas clases de coloridos peces. Si desea puede ir a una playa cercana y disfrutar de las olas refrescantes o de la blanca arena que resplandece con el brillo del sol. O, si así lo desea, puede incluso nadar como un pez.

Amables y cariñosos venados, conejos o ardillas con ojos hermosos y brillantes se le acercarán y le harán gracias y juegos. En una gran llanura, muchos animales estarán jugando pacíficamente entre ellos.

Este es el Huerto de Edén, donde hay plenitud de paz, calma y gozo. A mucha gente en este mundo probablemente le gustaría dejar sus agitadas vidas y tener esta clase de paz y serenidad, incluso por una sola vez.

Una vida abundante en el Huerto del Edén

Las personas en el Huerto del Edén pueden comer y disfrutar tanto como lo deseen sin tener siquiera que trabajar por nada. No hay preocupaciones, ansiedades, ni lamentos y solo hay gozo, deleite y paz. Debido a que todo esta regido por las reglas y mandamientos de Dios, las personas disfrutan de vida eterna aun cuando no han trabajado por conseguirla.

El Huerto del Edén, que tiene un medio ambiente similar al de la Tierra, también presenta la mayoría de las características de este mundo. No obstante, debido a que no ha sido contaminado ni ha cambiado desde el mismo momento de su creación, mantiene su naturaleza hermosa y limpia, a diferencia de su contraparte, la Tierra.

Igualmente, incluso aunque la gente en el Huerto del Edén usualmente no lleva ropa alguna, no sienten vergüenza y no son adúlteros porque no tienen la naturaleza pecaminosa y no tienen maldad en su corazón. Es como si un bebé recién nacido jugara libre, completamente despreocupado y sin percibir ni comprender lo que otros puedan pensar o decir.

El medio ambiente del Huerto del Edén es tan apropiado para las personas, incluso si no llevan ropa alguna, que no sienten ninguna incomodidad al estar desnudos. ¡Cuán bueno es esto ya que no hay nada parecido a insectos dañinos o espinas que dañan la piel!

Algunos llevan ropa. Son líderes de grupos de personas. Igualmente, hay normas y reglas en el Huerto del Edén. En un grupo hay un líder y los miembros le obedecen y le siguen. A diferencia de los demás, estos líderes llevan vestimenta, pero es solo para mostrar su posición, no para cubrirse, protegerse o para lucirse.

En Génesis 3:8 se nota un cambio en la temperatura en el Huerto del Edén: *"Y oyeron la voz de Jehová Dios que se paseaba en el huerto, al aire del día; y el hombre y su mujer se escondieron de la presencia de Jehová Dios entre los árboles del huerto"*. Se puede notar que las personas tenían sensación de frío en el Huerto del Edén. No obstante, esto no significa que tenían que sudar en un día de sol ardiente o tiritar incontrolablemente en un día frío, como lo harían en esta Tierra.

El Huerto del Edén siempre tiene el nivel más agradable de temperatura, humedad, y viento, para que no haya ninguna incomodidad debido a los cambios de clima.

Asimismo, en el Huerto del Edén no hay día ni noche como en la Tierra. Siempre está rodeado de la luz de Dios Padre y se siente siempre como si fuese de día. Las personas tienen tiempo para descansar y diferencian el tiempo de actividad o de descanso por el cambio de la temperatura. Este cambio en la temperatura, sin embargo, no significa una drástica subida o descenso de la misma, que pueda hacer sentir súbitamente calor o frío, sino hace sentir el agrado y el gozo de descansar bajo una suave brisa.

Las personas son cultivadas en la Tierra

El Huerto del Edén es tan largo y ancho que usted no podría imaginar su tamaño. Es cerca de un billón de veces más grande que este mundo. El Primer Cielo, donde la gente puede vivir sólo por setenta u ochenta años parece infinito, extendiéndose desde nuestro sistema solar hasta más allá de las galaxias ¿Cuánto más será el Huerto del Edén, donde la gente se ha multiplicado en número sin conocer la muerte, en comparación con el Primer Cielo?

Al mismo tiempo, no importa lo hermoso, abundante, y grande que sea el Huerto del Edén, nunca se podrá comparar con ningún otro lugar en el Cielo. Incluso el Paraíso, que es el lugar de espera en el Cielo, es un lugar mucho más hermoso y feliz. La vida eterna en el Huerto del Edén es muy diferente a la vida eterna en el Cielo.

Por lo tanto, a través del examen de numerosos indicios y vestigios así como del plan de Dios con Adán al expulsarlo fuera del Huerto del Edén e instruirlo y cultivarlo en este mundo, usted verá cómo el Huerto del Edén difiere del lugar de espera del Cielo.

El árbol de la ciencia del bien y del mal en el Huerto de Edén

El primer hombre, Adán, podía comer cualquier cosa que deseaba, dominar sobre toda la creación y vivir eternamente en el Huerto del Edén. Sin embargo, si se lee Génesis 2:16-17, Dios ordena al hombre: *"Y mandó Jehová Dios al hombre, diciendo: De todo árbol del huerto podrás comer; mas del árbol de la ciencia del bien y del mal no comerás; porque el día que de él comieres, ciertamente morirás".* Si bien Dios había dado a Adán no sólo una enorme autoridad para someter y dominar a toda la creación, sino también libre albedrío, estrictamente le prohibió comer del árbol de la ciencia del bien y del mal. En el Huerto del Edén hay muchas clases de hermosos y deliciosos frutos que no se pueden comparar con los que hay en esta Tierra. Dios puso todos estos frutos bajo el control de Adán para que comiera de ellos tanto como quisiera.

El fruto del árbol de la ciencia del bien y del mal era, sin embargo, una excepción. A través de este pasaje se debe comprender que, aun cuando Dios ya sabía que Adán iba a comer del árbol del conocimiento del bien y del mal, no dejó simplemente que pecara. Como mucha gente malinterpreta, si Dios probó a Adán colocando el árbol de la ciencia del bien y del mal sabiendo que Adán habría de pecar, no habría tenido por qué ordenarle tan firmemente que no comiera de ese árbol. De esta forma, se puede ver que Dios no colocó a propósito el árbol de la ciencia del bien y del mal para que Adán comiera de su fruto o para probarlo.

Tal y como está escrito en Santiago 1:13: *"Cuando alguno es tentado, no diga que es tentado de parte de Dios; porque Dios no puede ser tentado por el mal, ni él tienta a nadie";* Dios Mismo no puede tentar a nadie.

Entonces, ¿por qué colocó Dios el árbol del conocimiento del bien y del mal en el Huerto del Edén?

33

Si usted puede sentir gozo, alegría o felicidad, es porque ha experimentado los sentimientos opuestos de tristeza, dolor, y angustia. De la misma forma, si sabe que la bondad, la verdad y la luz son buenas, es porque ha experimentado y sabe que la maldad, la falsedad, y la oscuridad son malas.

Si no ha experimentado este relativismo entre sentimientos opuestos, no podrá sentir en su corazón lo bueno que es el amor, la bondad y la felicidad, incluso aunque tenga en su mente el conocimiento de tales sentimientos por haber oído de estas experiencias.

Por ejemplo: ¿puede una persona que nunca ha estado enferma o haya visto a alguien enfermo, saber del dolor de la enfermedad? Esta persona ni siquiera sabría que es relativamente bueno tener una buena salud. De igual manera, si una persona nunca ha estado en necesidad, ¿cómo podría saber acerca de la pobreza? Esta clase de persona no sentiría que es 'bueno' ser adinerado, sin importar cuán pudiente pueda ser. De igual forma, si no ha experimentado la pobreza, no podrá estar verdaderamente agradecido en su corazón por tener dinero.

Si uno no sabe el valor de las cosas buenas que posee, no sabrá el valor de la felicidad que disfruta. Sin embargo, si uno ha experimentado el dolor de la enfermedad y la aflicción de la pobreza, entonces estará agradecido de corazón por la felicidad que implica tener salud y riqueza. Esta es la razón por la que Dios colocó el árbol de la ciencia del bien y del mal.

Por eso, Adán y Eva, al ser echados fuera del Huerto del Edén, experimentaron esta relatividad y se dieron cuenta del amor y las bendiciones que Dios les había dado. Sólo entonces pudieron llegar a ser verdaderos hijos de Dios, al conocer y saber el valor de la verdadera felicidad y de la vida.

No obstante, Dios no los condujo a propósito por ese camino. Adán escogió por su propia voluntad desobedecer el mandamiento de Dios. Y Dios, en Su verdadero amor y justicia, ya había planeado la formación y el cultivo del ser humano.

La Providencia de Dios al cultivar al ser humano

Cuando Adán y Eva fueron expulsados del Huerto del Edén, comenzaron a ser formados y cultivados en la Tierra y tuvieron que padecer toda clase de sufrimientos, penas, dolores, enfermedades y muerte. Esto los llevó a que pudieran experimentar la verdadera felicidad y a gozar de la vida eterna en el Cielo.

En consecuencia, hacernos Sus verdaderos hijos a través de la formación y del cultivo del ser humano, es un ejemplo del maravilloso amor y del plan de Dios. Los padres no pensarían que entrenar y capacitar a sus hijos y algunas veces castigarlos si esto puede marcar la diferencia en sus vidas y hacerlos hombres de bien, es perder el tiempo. Asimismo, si los niños creyesen en la gloria que recibirán en el futuro, serían pacientes y superarían toda situación difícil y obstáculos en este mundo.

Del mismo modo, si piensa en la verdadera felicidad que disfrutará en el Cielo, no le será algo difícil ni doloroso ser instruido y cultivado en la Tierra. En vez de ello, estará agradecido de poder vivir de acuerdo a la Palabra de Dios porque tendrá la esperanza y la confianza de la gloria que recibirá después.

Por tanto, ¿a quienes amará y apreciará más Dios: a aquellos que le están verdaderamente agradecidos luego de experimentar muchas aflicciones en este mundo o a los del Huerto del Edén que en realidad no apreciaron lo que tenían, aun cuando estaban viviendo en un ambiente de tanta abundancia y hermosura?

Dios cultivó y formó a Adán, que fue echado fuera del Huerto de Edén. Asimismo, cultivó y educó a sus descendientes en la Tierra para hacerlos Sus verdaderos hijos. Cuando esta instrucción y cultivo se concluya y las moradas estén listas en el Cielo, el Señor volverá. Si usted llega a vivir en el Cielo, disfrutará de eterna felicidad, porque incluso el nivel más bajo del Cielo no se puede comparar con toda la belleza del Huerto del Edén.

Por lo tanto, debe entender la Providencia de Dios en el crecimiento y cultivo de la humanidad y esforzarse y luchar por llegar a ser Su verdadero hijo que obra de acuerdo a Su Palabra.

El lugar de espera en el Cielo

Los descendientes de Adán, que desobedecieron a Dios, están destinados a morir una sola vez, y luego enfrentar el Gran Juicio (Hebreos 9:27). No obstante, el alma de los seres humanos es inmortal, por lo que tendrán que ir, ya sea al Cielo o al Infierno.

Sin embargo, no irán al Cielo o al Infierno directamente, sino que permanecerán en un lugar de espera en el Cielo o en el Infierno. ¿Qué clase de sitio es el lugar de espera en el Cielo donde permanecen los hijos de Dios?

Al final el espíritu de uno deja su cuerpo

Cuando una persona muere, el espíritu deja su cuerpo. Después de muerto, cualquiera que no conozca esto se quedará sorprendido cuando vea exactamente a su misma persona yaciendo inerte. Aun si es creyente, ¡cuán extraño se sentirá justo después de que su espíritu deje su propio cuerpo!

Si va del mundo tridimensional, en el cual normalmente vive, al de cuatro dimensiones, todo le resultará muy diferente. El cuerpo se siente mucho más ligero y parece que está volando. No obstante, no puede tener una completa libertad incluso aún después de que su espíritu salga del cuerpo.

Al igual que los pajaritos que no pueden volar inmediatamente a pesar de que han nacido con alas, usted todavía necesitará algún tiempo para adaptarse al mundo espiritual y aprender las cosas básicas.

Así, aquellos que mueren teniendo fe en Jesucristo son acompañados y atendidos por dos ángeles y van al Alto Sepulcro. Allí aprenden de los ángeles o de los profetas acerca de la vida en el Cielo.

Si lee la Biblia se dará cuenta que hay dos clases de sepulcros. Los antepasados de la fe como Jacob y Job, se dice que irán al sepulcro luego de haber muerto (Génesis 37:35; Job 7:9). Coré y su grupo que se opusieron a Moisés, el siervo de Dios, cayeron vivos dentro de la tumba (Números 16:33).

En Lucas 16 se describe al hombre rico y al mendigo Lázaro, quienes van al sepulcro luego de morir, y en este pasaje se puede notar que los dos no están en el mismo 'sepulcro'. El hombre rico sufría en el fuego, mientras que Lázaro descansaba lejos, al lado de Abraham.

De la misma forma, hay un sepulcro para aquellos que son salvos mientras que hay otro para aquellos que no lo son. El sepulcro en el que terminaron Coré y sus hombres y el hombre rico es el Hades, que pertenece al Infierno, pero el sepulcro al cual fue Lázaro, es el Alto Sepulcro, que pertenece al Cielo.

Los tres días de permanencia en el Alto Sepulcro

En el Antiguo Testamento, aquellos que eran salvos esperaban en el Alto Sepulcro. Desde entonces Abraham, el antepasado de la fe, ha estado a cargo del Alto Sepulcro, y por eso en Lucas 16 el mendigo Lázaro está al lado de Abraham. No obstante, luego que el Señor resucitara y fuera al Cielo, aquellos que son salvos no van más al Alto Sepulcro, al lado de Abraham. Estos permanecen en el Alto Sepulcro por tres días y luego van a un lugar en el Paraíso. Esto es, estarán con el Señor en el lugar de espera en el Cielo.

Como Jesús dijo en Juan 14:2: *"En la casa de mi Padre muchas moradas hay; si así no fuera, yo os lo hubiera dicho; voy, pues, a preparar lugar para vosotros";* luego de Su resurrección y ascensión al Cielo, nuestro Señor está preparando un lugar para cada uno de los creyentes. Por eso, desde que el Señor comenzó a preparar morada para los hijos de Dios, aquellos que son salvos han permanecido en el lugar de espera del Cielo, en alguna parte del Paraíso.

Algunos podrán preguntarse cómo es que tanta gente salva desde la creación puede vivir en el Paraíso, pero no hay necesidad de preocuparse por eso. Incluso el sistema solar, al cual pertenece la Tierra, es sólo una mancha comparada con la galaxia. Entonces ¿qué tan grande es la galaxia? Comparado con todo el universo, una galaxia es simplemente una mancha. ¿Qué tan grande es el universo?

Este universo es uno entre muchos, por lo que es imposible siquiera intentar sondear el tamaño del universo entero. Si este mundo físico es tan amplio y grande, ¡aun cuánto más será el mundo espiritual!

El lugar de espera del Cielo

¿Qué clase de sitio es entonces el lugar de espera del Cielo, donde aquellos que son salvos permanecen luego de haber pasado tres días de formación en el Alto Sepulcro?

Cuando las personas ven un paisaje muy hermoso, suelen exclamar: "¡Este es el Paraíso en la Tierra!" o "¡Es como el Huerto del Edén!". El Huerto de Edén, sin embargo, no se puede comparar con ninguna maravilla de este mundo. Las personas en el Huerto del Edén viven espléndidamente vidas de ensueño, llenas de felicidad, paz y gozo. No obstante, esto es así sólo para los que viven en este mundo. Una vez que vaya al Cielo, dejará de pensar de esta manera.

Así como el Huerto de Edén no se puede comparar con este mundo, el Cielo no se puede comparar con el Huerto del Edén. Hay una fundamental diferencia entre la felicidad en el Huerto de Edén, que pertenece al Segundo Cielo, y la felicidad en el lugar de espera del Paraíso en el Tercer Cielo. Esto se debe a que las personas en el Huerto del Edén no son en realidad verdaderos hijos de Dios, cuyos corazones han sido formados y cultivados.

Permítanme proporcionar un ejemplo para ayudarles a entender mejor esto. Antes de que hubiera electricidad, en el pasado, todos usábamos lámparas de queroseno. Estas lámparas daban una iluminación muy pobre, comparada con la actual luz eléctrica, pero eran muy apreciadas en la noche cuando no había luz. Con el tiempo la sociedad se desarrolló y aprendió el uso de la electricidad y llegamos a tener luz eléctrica. Para aquellos que estaban acostumbrados a ver solo la luz del queroseno, la luz eléctrica fue tan sorprendente que fueron fascinados por su resplandor.

Si nos imaginamos a la Tierra en completa oscuridad, sin luz alguna, entonces podremos decir que el Huerto del Edén es donde tienen estas lámparas de queroseno y el Cielo es el lugar donde está la luz eléctrica. Precisamente como la luz de queroseno y la luz eléctrica son completamente diferentes a pesar de que ambas son luces, el lugar de espera del Cielo es completamente diferente al Huerto de Edén.

El lugar de espera ubicado al borde del Paraíso

El lugar de espera del Cielo está localizado al borde del Paraíso. El Paraíso es el lugar para aquellos que tienen menos fe, y también el lugar más alejado del Trono de Dios. Es un lugar muy extenso y amplio.

Aquellos que están esperando en el borde del Paraíso,

están aprendiendo la ciencia y el conocimiento espiritual de los profetas. Aprenden acerca del Dios Trino, del Cielo, de las normas y reglas del mundo espiritual, etc. La magnitud y dimensión de tal conocimiento es ilimitado y por eso, siempre hay algo más que aprender. Sin embargo, aprender cosas espirituales nunca es monótono o difícil, a diferencia de algunos estudios en la Tierra. Mientras más aprende, más asombrado e ilustrado se volverá, y así todo le resultará mucho más entretenido.

Incluso en este mundo, aquellos que tienen un corazón limpio y dócil pueden comunicarse con Dios y alcanzar el conocimiento espiritual. Algunos ven el mundo espiritual porque sus ojos espirituales están abiertos. Igualmente, otros pueden entender lo espiritual por la inspiración del Espíritu Santo. Pueden aprender sobre la fe y de las leyes para recibir respuestas a sus oraciones a fin de experimentar, incluso en este mundo físico, el poder de Dios que pertenece al espíritu.

Si puede aprender estos principios espirituales y experimentarlos en este mundo físico, tendrá mayor seguridad y será más feliz. Por eso, ¡se imagina el gozo y la felicidad de poder aprender todo lo espiritual en el lugar de espera del Cielo!

Escuchar las noticias de este mundo

¿Qué clase de vida disfrutan las personas en el lugar de espera en el Cielo? Experimentan una verdadera paz y aguardan ir a sus moradas eternas en el Cielo. No les falta nada y disfrutan de felicidad y de gozo. No desperdician ni malgastan el tiempo, sino que continúan aprendiendo muchas cosas de los ángeles y de los profetas.

Entre ellos se han designado líderes y todos viven en orden. Tienen prohibido bajar a la Tierra, por tanto siempre tienen curiosidad de lo que sucede aquí. No tienen interés de las cosas mundanas, sino de aquellos asuntos relacionados con el Reino de Dios tales como 'la condición de la iglesia en la cual servían: ¿cuántos logros y metas ha alcanzado la iglesia? ¿Cómo está la misión en el mundo?'

De esta manera, se ponen muy contentos cuando escuchan noticias de este mundo a través de los ángeles que descienden a la Tierra o de los profetas en la Nueva Jerusalén.

En una ocasión Dios me reveló sobre algunos miembros de mi iglesia que actualmente permanecen en el lugar de espera del Cielo. Ellos están orando en lugares separados y esperando oír noticias de mi iglesia. Están especialmente interesados en los deberes dados a mi iglesia, que son la misión en el mundo y la construcción del Gran Santuario. Se ponen muy felices cuando escuchan buenas noticias. Y así, cuando escuchan noticias acerca de cómo Dios es glorificado a través de nuestras cruzadas en el extranjero, se emocionan y lo celebran organizando un banquete.

Es así como las personas en el lugar de espera del Cielo pasan un tiempo de gozo y felicidad escuchando, algunas veces, las noticias de este mundo.

Un orden estricto en el lugar de espera del Cielo

Luego del Día del Juicio, cada uno irá a una morada diferente de acuerdo a su nivel de fe. Mientras tanto, en el lugar de espera en el Cielo, se mantendrá este mismo orden.

Aquellos que tengan una menor fe mostrarán su respeto a los que tienen mayor fe inclinando sus cabezas. El orden espiritual no está decidido por la posición en este mundo, sino por el grado de su santificación y fidelidad en los deberes que Dios les ha asignado.

De esta forma, las disposiciones se cumplen estrictamente porque el Dios de justicia reina sobre el Cielo. Dado que el orden es decidido en base a la medida de fe, al grado de bondad y a la magnitud de amor de cada creyente, nadie podrá quejarse. En el Cielo, todos obedecen el orden espiritual porque no hay maldad en las mentes de los que son salvos.

No obstante, este orden y las diferentes clases de gloria no están establecidos para obligar a una obediencia forzada. Esta obediencia proviene solamente por el amor y el respeto de corazones verdaderos y sinceros. Por eso, en el lugar de espera del Cielo, se respeta a aquellos que son superiores a uno y se muestra ese respeto inclinando la cabeza, porque se siente en forma natural y espontánea la diferencia espiritual.

Las personas que no permanecen en el lugar de espera en el Cielo

Todos los que van a entrar a sus respectivas moradas en el Cielo luego del Día del Juicio, permanecen normalmente al borde del Paraíso, en el lugar de espera del Cielo. Hay, sin embargo, algunas excepciones. Aquellos que están destinados a la Nueva Jerusalén, el lugar más hermoso en el Cielo, irán directamente a la Nueva Jerusalén y ayudarán en las tareas de Dios. Estas personas, que tienen el corazón de Dios, que es tan resplandeciente y hermoso como el cristal, viven bajo el especial cuidado y amor de Dios.

Ellos ayudarán con la obra de Dios en la Nueva Jerusalén

¿Dónde permanecen hasta ahora nuestros antepasados de la fe, santificados y fieles en toda la casa de Dios, tales como Elías, Enoc, Abraham, Moisés, y el Apóstol Pablo? ¿Permanecen en el borde del Paraíso o en el lugar de espera del Cielo? ¡No! Ya se encuentran en la Nueva Jerusalén porque están totalmente santificados y reflejan totalmente el corazón de Dios. Sin embargo, debido a que el Juicio aún no se ha llevado a cabo, no pueden entrar al interior de sus respectivas y futuras eternas moradas.

Entonces, ¿en qué lugar de la Nueva Jerusalén permanecen? En la Nueva Jerusalén que tiene dos mil cuatrocientos kilómetros de ancho, de largo y de alto, hay dos lugares o espacios espirituales de diferentes dimensiones. Hay un lugar para el Trono de Dios, un lugar donde están siendo construidas las moradas, y otro lugar donde nuestros antepasados de la fe, que ya han entrado a la Nueva Jerusalén, están trabajando con el Señor.

Nuestros antepasados de la fe que ya se encuentran en la Nueva Jerusalén anhelan el día en el que entrarán a sus eternas moradas, mientras tanto están ayudando en la obra de Dios con el Señor, preparando nuestras moradas. Anhelan entrar a sus eternas residencias porque solo podrán hacerlo luego del Segundo Advenimiento del Señor Jesucristo en el aire, de los Siete años del Banquete de las Bodas y del Milenio en esta Tierra.

El Apóstol Pablo, que estaba lleno de esperanza por el Cielo, confesó en 2 Timoteo 4:7-8 lo siguiente:

"He peleado la buena batalla, he acabado la carrera, he guardado la fe. Por lo demás, me está guardada la corona de justicia, la cual me dará el Señor, juez justo, en aquel día; y no sólo a mí, sino también a todos los que aman su venida".

Aquellos que están peleando la buena batalla y esperando el regreso del Señor, tienen una definida y concreta esperanza y confianza por la morada y las recompensas en el Cielo. Esta clase de fe y de esperanza pueden aumentar si usted conoce más del reino espiritual, y es por eso que estoy describiendo en detalle el Cielo.

El Huerto del Edén en el Segundo Cielo o el lugar de espera en el Tercer Cielo son aún más hermosos que este mundo, pero aún esos lugares no se pueden comparar con la gloria y el resplandor de la Nueva Jerusalén, la cual alberga el Trono de Dios.

Por eso, los bendigo en el nombre del Señor para que puedan, no solo correr hacia la Nueva Jerusalén con la clase de fe y esperanza del Apóstol Pablo, sino también que puedan guiar a muchas almas al camino de la salvación, difundiendo el evangelio, incluso si esto les demanda entregar su vida.

Capítulo 3

Los siete años del Banquete de las Bodas

"Bienaventurado y santo el que tiene parte en la primera resurrección; la segunda muerte no tiene potestad sobre éstos, sino que serán sacerdotes de Dios y de Cristo, y reinarán con él mil años".

- Apocalipsis 20:6

Antes de recibir su recompensa y empezar la vida eterna en el Cielo, usted pasará por el Juicio del Trono Blanco. Antes del día del Gran Juicio, vendrá el Segundo Advenimiento del Señor en el aire, los siete años del Banquete de las Bodas, el regreso del Señor a la Tierra y el Milenio.

Todo esto es lo que Dios ha preparado para consolar a Sus amados hijos que guardaron la fe en este mundo y para permitirles gozar del Cielo en el que reinarán con el Señor para siempre.

Por eso, aquellos que creen en el Segundo Advenimiento del Señor y esperan encontrarse con Él, que es nuestro novio, anhelarán los siete años del Banquete de las Bodas y el Milenio. La Palabra de Dios registrada en la Biblia es verdadera y todas las profecías se están cumpliendo hasta el día de hoy.

Usted debe ser un creyente sabio que se esfuerza al máximo para prepararse como la novia del Señor, comprendiendo que si no está vigilante y alerta, y si no vive de acuerdo a la Palabra de Dios, el día del Señor vendrá como ladrón en la noche y la muerte le llegará de repente.

Veamos en detalle las maravillosas y admirables cosas que los hijos de Dios experimentarán antes de ir al Cielo, que es tan resplandeciente y hermoso como el cristal.

El retorno de Jesús y los siete años del Banquete de las Bodas

El Apóstol Pablo escribió en Romanos 10:9: *"Que si confesares con tu boca que Jesús es el Señor, y creyeres en tu corazón que Dios le levantó de los muertos, serás salvo"*. A fin de alcanzar la salvación, no solo se debe confesar a Jesús como Salvador, sino también creer en el corazón que Él murió y resucitó de los muertos.

Si no se cree en la resurrección de Jesús, no se podrá creer en su propia resurrección, ni en la Segunda Venida del Señor. Ni siquiera será capaz de creer en el mismo retorno del Señor. Si no puede creer en la existencia del Cielo y del Infierno, entonces no podrá obtener la fuerza necesaria para vivir de acuerdo a la Palabra de Dios y no alcanzará la salvación.

El objetivo fundamental de la vida cristiana

En 1 Corintios 15:19 leemos: *"Si en esta vida solamente esperamos en Cristo, somos los más dignos de conmiseración de todos los hombres"*. Los hijos de Dios, a diferencia de los no creyentes de este mundo, asistimos a la Iglesia, concurrimos a los servicios y servimos de diversas formas al Señor cada domingo. A fin de vivir conforme a la Palabra de Dios, muchos con frecuencia ayunan y oran diligentemente en el santuario de Dios temprano en la mañana o tarde en la noche, aún cuando algunas veces necesitan descansar.

Además, no buscan su propia conveniencia ni provecho, sino sirven a otros y se sacrifican a sí mismos por el Reino de Dios. Por eso, si no hubiera Cielo, ser fiel al Señor sería lo más digno de conmiseración y lástima. No obstante, es indudable que el Señor volverá para llevarlo al Cielo, y que está preparando un hermoso lugar para usted. Lo recompensará conforme a lo que haya sembrado y hecho en este mundo.

Jesús dijo en Mateo 16:27: *"Porque el Hijo del Hombre vendrá en la gloria de su Padre con sus ángeles, y entonces pagará a cada uno conforme a sus obras"*. Al mencionar el hecho de que "pagará a cada uno conforme a sus obras" no se refiere simplemente a ir al Cielo o al Infierno. Aun entre los creyentes que van al Cielo, la recompensa y la gloria dada son diferentes de acuerdo a la forma de vida que han llevado en este mundo.

Algunos se resienten y temen oír que el Señor regresa pronto. Sin embargo, si verdaderamente ama al Señor y tiene la esperanza y la expectativa del Cielo, es natural que ansíe y espere encontrarse con el Señor lo más pronto posible. Si confiesa con sus labios: "Te amo, Señor", pero teme oír que el Señor vuelve pronto, no puede decir que ama realmente al Señor.

Por eso, debe recibir al Señor, su novio, con gozo, anhelando en su corazón Su Segunda Venida y debe prepararse como Su novia.

El Segundo Advenimiento del Señor en el aire

Está escrito en 1 Tesalonicenses 4:16-17: *"Porque el Señor mismo con voz de mando, con voz de arcángel, y con trompeta de Dios, descenderá del cielo; y los muertos en Cristo resucitarán primero. Luego nosotros los que vivimos, los que hayamos quedado, seremos arrebatados juntamente con ellos en las nubes para recibir al Señor en el aire, y así estaremos siempre con el Señor".*

Cuando el Señor vuelva otra vez en el aire, cada hijo de Dios cambiará su cuerpo a un cuerpo espiritual y será levantado en el aire para recibir al Señor. Hay algunos que han sido salvos pero que han muerto. Sus cuerpos han sido sepultados, pero sus espíritus están esperando en el Paraíso. Nos referimos a estas personas, como las que están 'dormidas en el Señor'. Sus espíritus se unirán con sus cuerpos espirituales que reemplazaron a sus viejos cuerpos enterrados. Ellos se unirán a los que recibirán al Señor sin haber visto la muerte y que han sido transformados en cuerpos espirituales y levantados en el aire.

Dios ofrece un Banquete de Bodas en el aire

Cuando el Señor regrese en el aire, todos aquellos que han sido salvos desde el tiempo de la creación recibirán al Señor como su novio. En ese momento, Dios da inicio a los Siete Años del Banquete de las Bodas para consolar a Sus hijos salvos por fe. Todos ellos recibirán después, sin duda alguna, en el Cielo, las recompensas por sus obras, pero por ahora, Dios ofrecerá este banquete en el aire para consolar a todos Sus hijos.

Por ejemplo: si un general regresa luego de un gran triunfo, ¿qué haría el rey? Le recompensaría de gran manera por sus servicios prestados. El rey podría darle mansiones, tierras, dinero y además un gran banquete para compensar el triunfo del general.

De la misma manera, Dios da a Sus hijos una morada en el Cielo en donde vivir y los recompensará luego del Día del Gran Juicio. Pero, antes de eso, ofrecerá también un Banquete de Bodas para que Sus hijos se regocijen y compartan Su gozo. Aun cuando lo hecho por cada uno en este mundo por el Reino de los Cielos es diferente, Dios ofrecerá el banquete tan solo por el hecho de que han sido salvos.

Entonces, ¿dónde esta el 'aire' en el cual se realizarán los siete años del Banquete de las Bodas? El 'aire' aquí no se refiere al Cielo visible a los ojos. Si el 'aire' fuera solo el cielo que puede ver con sus ojos, entonces, todos aquellos que son salvos deberían estar en este banquete, y como hay tanta gente salva desde la creación, no podrían caber en el cielo físico de la Tierra.

Además, sabemos que el banquete será organizado y preparado en forma muy detallada porque Dios Mismo lo

51

ofrecerá para consolar a Sus Hijos. Hay un lugar que Dios ha provisto desde hace mucho tiempo. Este lugar es el 'aire' que Dios ha preparado para los siete años del Banquete de las Bodas y es un espacio en el Segundo Cielo.

El 'aire' forma parte del Segundo Cielo

En Efesios 2:2 se nos habla acerca de este cielo. Y cita: *"En los cuales anduvisteis en otro tiempo, siguiendo la corriente de este mundo, conforme al príncipe de la potestad del aire, el espíritu que ahora opera en los hijos de desobediencia"*. Por tanto, el 'aire' es también un lugar donde los espíritus malignos tienen autoridad.

Sin embargo, el lugar donde se efectuarán los siete años del Banquete de Bodas y el espacio donde están los espíritus inmundos no es el mismo. La razón por la cual se usa la misma expresión, 'aire', es porque ambos lugares pertenecen al Segundo Cielo. No obstante, incluso el Segundo Cielo no es un solo espacio, sino que está dividido en diversas áreas. Por tanto el lugar donde se llevará a cabo el Banquete de las Bodas y el espacio donde subsisten los espíritus malignos están separados.

Dios ha hecho un nuevo reino o región espiritual llamada 'Segundo Cielo', tomando una porción del reino espiritual. Entonces lo dividió en varias áreas. Una de ellas es el Edén, la cual es el lugar de luz que pertenece a Dios, y la otra es el área de las tinieblas que Dios ha dado a los espíritus inmundos.

Dios hizo el Huerto del Edén al oriente del Edén, donde Adán permanecería hasta que iniciara el cultivo de la humanidad.

Dios tomó a Adán y lo puso en este Huerto. Además, Dios ha dado el área de las tinieblas a los espíritus malignos y les ha permitido permanecer ahí. Esta área de oscuridad y el Edén están estrictamente separados.

El lugar de los siete años del Banquete de las Bodas

Entonces, ¿dónde se efectuarán los siete años del Banquete de las Bodas? El Huerto del Edén es solo una parte del Edén en donde hay muchos otros espacios y lugares. En uno de aquellos espacios Dios ha provisto un lugar para celebrar los siete años del Banquete de las Bodas.

El lugar donde se efectuarán los siete años del Banquete de las Bodas es mucho más hermoso que el Huerto del Edén. Hay flores y árboles muy hermosos. Luces de muchos colores brillan resplandecientes y una indescriptible belleza y limpia naturaleza rodean el lugar.

Además, esta zona es muy amplia y extensa porque todos los que han sido salvos desde la creación asistirán juntos al banquete. Allí hay un castillo muy grande, que es lo suficientemente amplio para recibir a todos los que han sido invitados al banquete. El banquete se efectuará en este castillo y habrá momentos de indescriptible felicidad.

Ahora, me gustaría invitarlo al castillo donde se celebrarán los siete años del Banquete de las Bodas. Espero que pueda sentir la felicidad y la dicha de ser la novia del Señor, quien es el invitado de honor al banquete.

Encuentro con el Señor en un resplandeciente y hermoso lugar

Al llegar al gran salón del Banquete, encontrará una brillante habitación llena de luces resplandecientes como nunca antes ha visto. Sentirá su cuerpo más liviano que una pluma. Al recostarse suavemente sobre el verde césped, todo el contorno que al principio no era visible por el terrible resplandor de las luces, comenzará a ser perceptible a sus ojos. Verá un cielo y un lago tan resplandeciente y puro que deslumbrará y encandilará sus ojos. Cuando el agua ondea y se agita, el lago resplandece como una joya irradiando sus hermosos colores.

Todo está cubierto de flores y de verdes bosques que rodean completamente el área. Las flores se balancean de un lado a otro como si estuvieran oscilando hacia usted y podrá percibir, como nunca antes, aromas muy densos, agradables y dulces. De pronto, aves de muchos colores vienen y le dan la bienvenida con sus cánticos. En el lago, que es tan transparente que puede ver los objetos debajo de la superficie, peces extraordinariamente hermosos asoman sus cabezas y lo saludan.

Incluso el césped sobre el cual está parado, es tan suave como el algodón. El viento hace que su ropa se agite suavemente y lo envuelva tiernamente. En ese momento, una fuerte luz llega a sus ojos y puede ver a una persona parada en medio de la luz.

El Señor lo abraza mientras exclama: "Te amo, novia mía"

Con una tierna sonrisa en Su Rostro, lo llama hacia Él con Sus brazos completamente abiertos. Al subir hacia Él, Su rostro se hace claramente visible. Verá Su cara por primera vez, pero usted sabe muy bien quién es. Es el Señor Jesús, su Novio, a quien ama y a quien ha estado anhelando ver todo este tiempo. En este momento, las lágrimas comienzan a caer por sus mejillas. No puede detener las lágrimas porque recuerda el tiempo y los momentos en los que ha sido formado y cultivado en este mundo.

Ahora está viendo cara a cara al Señor, quien lo ayudó a prevalecer y a triunfar sobre este mundo aun en las situaciones más difíciles y cuando hacía frente a muchas persecuciones y pruebas. El Señor se le acerca, lo abraza contra Su pecho y le dice: "Novia mía, he estado esperando este día. ¡Te amo!".

Al escuchar esto, más lágrimas brotan sobre su rostro. Entonces el Señor suavemente seca sus lágrimas y lo abraza más junto a Él. Cuando mira Sus ojos puede sentir Su corazón latir. "Sé todo acerca de ti. Conozco todas tus lágrimas y dolores. De ahora en adelante, solo habrá felicidad y gozo".

¿Por cuánto tiempo ha anhelado este momento? Cuando está en Sus brazos, siente una inmensa paz, gozo y plenitud que cubren y envuelven todo su cuerpo.

Ahora puede oír una suave, intensa, y hermosa melodía de alabanza. Entonces el Señor toma su mano y lo guía al lugar de donde proviene la alabanza.

El gran salón del Banquete de las Bodas está lleno de luces multicolores

Un momento después, podrá ver un espléndido y resplandeciente castillo que es suntuoso además de hermoso. Cuando se encuentre frente a la puerta del castillo, ésta se abrirá suavemente y las luces del castillo brillarán hacia afuera. Entrará al castillo con el Señor como si estuviera flotando por la luz hacia el interior, y verá un salón tan grande y extenso que no podrá ver dónde termina.

El salón está decorado con hermosos adornos y objetos, y lleno de luces brillantes y coloridas. El sonido de las alabanzas se ha vuelto ahora más claro, y flota suavemente alrededor de todo el salón. Finalmente, el Señor anuncia con voz resonante el inicio del Banquete de las Bodas.

Los siete años del Banquete de las Bodas comienzan y parecerá que todo esto es solo un sueño. ¿Puede sentir la felicidad de ese momento? Claro está que no todo aquel que asiste al banquete puede estar con el Señor. Solo aquellos que reúnen las calificaciones necesarias pueden seguirlo de cerca y ser abrazados por Él.

Por eso, usted debe prepararse como la novia del Señor y así participar de Su naturaleza divina. A pesar de que no todos podrán tomar la mano del Señor, todos sentirán la misma felicidad y plenitud.

Disfrutar de momentos felices con cánticos y danzas

Una vez que el Banquete de las Bodas empieza, usted cantará y danzará con el Señor, celebrando el nombre de Dios Padre. Danzará con el Señor, hablará y conversará sobre los momentos vividos en este mundo o acerca del Cielo en el que irá a vivir.

También hablará del amor de Dios Padre y lo glorificará. Podrá conversar con quienes ama y con los que ha deseado estar por mucho tiempo.

Mientras disfruta de las frutas que se derriten en su boca y bebe del Agua de la Vida que fluye desde el Trono del Padre, el banquete continúa suavemente. Sin embargo, no tendrá que permanecer en el castillo los siete años. De vez en cuando, podrá salir del castillo para pasar momentos agradables.

¿Cuáles son algunas de las actividades y eventos que lo esperan fuera del castillo? Podrá tener tiempo para gozar de la bella naturaleza con las flores, los árboles, los bosques y las aves. También podrá pasear acompañado de sus seres queridos por los diferentes caminos decorados con bellísimas flores, hablar con ellas o en algunas ocasiones, alabar al Señor con cánticos y danzas. Igualmente, habrá muchas cosas que podrá disfrutar en lugares abiertos o al aire libre. Por ejemplo, podrá pasear en bote por el lago con sus seres queridos o con el mismo Señor. Podrá nadar o disfrutar de otras clases de entretenimientos y juegos. Todo le proporcionará un gozo inimaginable porque ha sido hecho por Dios con especial cuidado y amor.

Durante los siete años del Banquete de las Bodas no se apagará jamás ninguna luz. Por supuesto, el Edén es un área de luz y allí no hay noche. Sin embargo, eso no significa que tendrá que dormir y descansar como lo hace en la Tierra. No importa cuánto tiempo esté divirtiéndose, nunca se cansará y en vez de ello, cada vez sentirá un mayor gozo y felicidad.

Por eso, no sentirá el paso del tiempo y los siete años pasarán como siete días o incluso, como siete horas. Si sus padres, hijos o parientes no han sido arrebatados y están pasando la Gran Tribulación, no podrá pensar en ello porque el tiempo pasará muy rápido con este gozo y felicidad.

Dar gracias por haber sido guiado a la salvación

Los habitantes del Huerto del Edén y los invitados al Banquete de las Bodas podrán verse unos a otros, pero no podrán ir y venir. Los espíritus inmundos podrán ver el Banquete de las Bodas y usted también podrá verlos. Por supuesto, los espíritus malignos ni siquiera podrán aproximarse al lugar del banquete, pero aún así podrán verlos. Observar el Banquete y la felicidad de los invitados hará que estos espíritus inmundos se retuerzan de dolor. Para ellos es un dolor insoportable no haber podido llevar un alma más al Infierno y dejar que llegaran a ser hijos de Dios.

Al contrario, al mirar a estos espíritus malignos usted recordará cuántas veces, como león rugiente, han tratado de devorarlo mientras estaba siendo formado y cultivado en este mundo.

Por eso, estará incluso más agradecido por la gracia de Dios Padre, del Señor, y del Espíritu Santo que lo protegió del poder de las tinieblas y lo guió para ser un hijo de Dios. Asimismo, llegará a estar más agradecido con aquellos que lo ayudaron a caminar por la senda de la vida.

Los siete años del Banquete de las Bodas no son solo un tiempo para descansar y ser consolado y aliviado del dolor por haber sido cultivado en este mundo, sino que constituyen también un tiempo para recordar los momentos que pasó en este mundo para estar más agradecido por el amor de Dios.

También pensará sobre la vida eterna en el Cielo que será mucho más agradable que los siete años del Banquete de las Bodas. La dicha en el Cielo no se puede comparar con la de los siete años del Banquete de las Bodas.

Los siete años de la Gran Tribulación

Mientras el Banquete de las Bodas se está llevando a cabo en el aire, en este mundo se estarán viviendo los siete años de la Gran Tribulación. Debido a la magnitud de la Gran Tribulación, hecho que nunca antes había acontecido y que nunca más acontecerá, la mayor parte de la Tierra será destruida y la mayoría de la gente que se quede morirá.

Por supuesto, algunos serán salvos por medio de la llamada 'salvación por fuego' (1 Corintios 3:12-15). Hay muchos que se quedarán en este mundo luego del Segundo Advenimiento del Señor porque definitivamente no creyeron o no creyeron correctamente. No obstante, cuando se arrepientan luego de los siete años de la Gran Tribulación y se conviertan en mártires, podrán ser salvos. Esta es la denominada "salvación por fuego".

Llegar a ser un mártir durante los siete años de la Gran

Tribulación, no será algo fácil. Incluso si al principio algunos deciden ser mártires, muchos de ellos terminarán negando al Señor debido a las crueles torturas y persecuciones hechas por el anticristo que los forzará a recibir la marca del '666'.

Por lo general rehusarán firmemente a recibir esta marca porque saben que una vez que la hayan recibido, pertenecerán a Satanás. Sin embargo, cualquier cosa les resultará más fácil que soportar esas torturas extremadamente dolorosas.

Algunas veces, incluso si uno puede sobreponerse o vencer las torturas, será aún más difícil observar a su familia siendo torturada. Por eso, es muy difícil llegar a ser salvo por medio de esta 'salvación por fuego'. Más aún, debido a que durante este período no podrán recibir ninguna ayuda del Espíritu Santo, les resultará todavía más difícil mantener la fe.

Por eso, espero y anhelo que ninguno de los lectores enfrente estos siete años de la Gran Tribulación. La razón por la cual explico sobre los siete años de la Gran Tribulación es para hacerles saber que estos eventos sobre el fin de los tiempos registrados en la Biblia están siendo y serán cumplidos en forma precisa.

Otra razón para ello es por los que se quedarán en este mundo luego de que los hijos de Dios hayan sido arrebatados en el aire. Mientras que los verdaderos creyentes suben en el aire y toman parte en los siete años del Banquete de las Bodas, la devastación de los siete años de la Gran Tribulación acontecerá en este mundo.

Los mártires se ganarán la 'salvación por fuego'

Luego del regreso del Señor en el aire, habrá algunos que no han sido arrebatados que se arrepentirán porque no tuvieron fe en Jesucristo.

Lo que los lleva a esta 'salvación' es la Palabra de Dios predicada por la Iglesia que muestra las obras de Dios con gran poder al final de los tiempos. Ellos llegan a saber cómo ser salvos, cómo se desarrollarán los eventos, y cómo deberán de reaccionar a los acontecimientos mundiales profetizados por medio de la Palabra de Dios.

De esta forma, habrá algunos que realmente se arrepientan ante Dios y sean salvos al convertirse en mártires y alcancen esta 'última oportunidad de salvación'. Por supuesto, entre tales naciones están los israelitas. Ellos llegarán a conocer 'el Mensaje de la Cruz' y se darán cuenta que Jesús, a quien no reconocieron como el Mesías, es verdaderamente el Hijo de Dios y el Salvador de toda la humanidad. Entonces se arrepentirán y serán parte de esta 'salvación por fuego'. Se reunirán para crecer en su fe y habrá quienes llegarán a conocer el corazón de Dios y serán mártires para ser salvos.

De esta forma, los escritos que explican claramente la Palabra de Dios no solo serán de mucha ayuda para incrementar y aumentar la fe de mucha gente, sino que también desempeñarán un rol muy importante para los que no han sido arrebatados en el aire. Por eso, debe ver el extraordinario amor y misericordia de Dios que ha provisto todo para aquellos que serán salvos incluso luego del Segundo Advenimiento del Señor en el aire.

El Milenio

Luego de finalizados los siete años del Banquete de las Bodas, todos los que participaron descenderán a este mundo y reinarán con el Señor por mil años (Apocalipsis 20:4). Cuando el Señor regrese limpiará la Tierra. Primero despejará los aires y luego embellecerá toda la naturaleza.

Visita a los alredededores de la Tierra recién purificada

Exactamente como cuando una pareja de recién casados parte para su luna de miel, usted viajará con su Novio, el Señor, durante el Milenio, luego de los siete años del Banquete de las Bodas. ¿Qué lugar desearía visitar primero?

Los hijos de Dios, la novia del Señor, anhelarán visitar varios lugares en este mundo ya que muy pronto la tendrán que dejar. Luego del Milenio, Dios removerá a otro lugar todas las cosas en el Primer Cielo: trasladará el sol, la luna y la Tierra, donde se realizó el cultivo del ser humano.

Por eso, luego de los siete años del Banquete de las Bodas, Dios Padre adornará hermosamente la Tierra (Hechos 3:21) y le permitirá reinar con el Señor por mil años antes que la traslade lejos. Esto es algo ya previsto dentro de la Providencia de Dios, quien creó los cielos y la tierra en seis días y descansó en el séptimo día.

También es para que no sienta tristeza al dejar la Tierra; por ello lo dejará reinar con el Señor por mil años. Disfrutará de un tiempo maravilloso al reinar con el Señor por mil años en esta bella, transformada y readornada Tierra. Al visitar todos los lugares en los que no había estado antes mientras vivía en este mundo, podrá sentir una felicidad y un gozo que nunca antes había sentido.

Reinar por mil años

Durante este tiempo, no estará Satanás ni el diablo. Tal como era la vida en el Huerto del Edén, solo habrá paz, reposo y quietud en un ambiente muy agradable y cómodo. Además, los que son salvos y el Señor permanecerán en este mundo, pero no vivirán con las personas terrenales que hayan sobrevivido a la Gran Tribulación. Los salvos y el Señor vivirán en un lugar separado como un palacio real o un castillo. En otras palabras, los espirituales vivirán dentro del castillo y los terrenales fuera del castillo porque los cuerpos espirituales y los terrenales no pueden permanecer y estar juntos en un mismo lugar.

Las personas espirituales ya habrán sido transformadas en cuerpos espirituales y tendrán vida eterna. Por lo tanto podrán vivir percibiendo aromas como la esencia de las flores y algunas veces, cuando estén juntos, podrán comer con la gente terrenal. No obstante, aunque coman, no eliminarán los alimentos como las personas naturales. Aunque comieren alimento sólido o físico, se disolverá en el aire por el aliento.

Las personas con cuerpo físico estarán concentradas en multiplicarse y aumentar su número, porque no habrá muchos sobrevivientes luego de los siete años de la Gran Tribulación. En este lapso, no habrá enfermedades ni maldad porque el aire será limpio y puro y Satanás y el diablo no estarán. Y como Satanás y el diablo, que controlan la maldad, estarán encadenados en el fondo del precipicio, el Abismo, la injusticia y la maldad en la naturaleza humana no ejercerá su influencia (Apocalipsis 20:3). Además, dado que no habrá muerte, la Tierra será poblada nuevamente por mucha gente.

¿Qué comerán las personas terrenales? Cuando Adán y Eva vivían en el Huerto del Edén, comían solo frutas y todo producto de todo árbol que diera semilla (Génesis 1:29). Luego que Adán y Eva desobedecieron a Dios y fueron echados fuera del Huerto del Edén, empezaron a comer las plantas del campo (Génesis 3:18). Después del diluvio de Noé, llegó a tal extremo la maldad en el mundo que Dios permitió al ser humano comer carne. Se puede apreciar que mientras mayor maldad hubo en el mundo, el alimento de los habitantes llegó a ser cada vez más dañino.

Durante el Milenio, el hombre comerá las cosechas y las plantas del campo o los frutos de los árboles. No se consumirá carne alguna, será como era antes del diluvio de Noé, porque no habrá maldad ni se matará. Además, debido a que todas las civilizaciones habrán sido destruidas por las guerras durante la Gran Tribulación, se regresará a la forma primitiva de vida y la población aumentará en número en la Tierra que el Señor habrá transformado. Se empezará de nuevo en una naturaleza y medio ambiente puro, sin polución, hermoso y apacible.

Además, aunque antes de la Gran Tribulación se haya vivido en una civilización muy desarrollada y se tuviera la ciencia y el conocimiento necesarios, la civilización moderna de hoy no podrá ser alcanzada, sino en cien o doscientos años. No obstante, conforme el tiempo pase y los pueblos acumulen sabiduría, podrán alcanzar al fin del Milenio el mismo nivel de desarrollo que la actual civilización.

Las recompensas celestiales luego del Día del Juicio

Luego del Milenio, Dios dejará libre por un corto período de tiempo a Satanás y al diablo que habían estado encadenados en el Abismo, el precipicio insondable (Apocalipsis 20:1-3). Dios hará esto porque dejará que Satanás y el diablo tienten al hombre terrenal y a sus descendientes que han sobrevivido a la Gran Tribulación, para comprobar si tienen o no la fe para ser salvos. Aun cuando el Mismo Señor haya reinado en esta tierra para guiarlos a la salvación eterna, su fe no será verdadera.

Muchas de estos seres terrenales serán engañados por el diablo e irán camino de la destrucción (Apocalipsis 20:8). De esta forma el pueblo de Dios comprenderá por qué Dios tuvo que hacer el Infierno y el gran amor de Dios que desea lograr verdaderos hijos a través del cultivo del ser humano.

Los espíritus malignos que fueron liberados por un corto tiempo volverán a ser llevados otra vez a este precipicio sin fin y el Juicio del Gran Trono Blanco tendrá lugar (Apocalipsis 20:12). ¿Cómo será el Juicio del Gran Trono Blanco?

Dios preside el Juicio del Gran Trono Blanco

En julio de 1982, mientras estaba orando, pude conocer en detalle acerca del Juicio del Gran Trono Blanco. Dios me reveló una escena en la que Él juzga a todo el mundo. En frente del Trono de Dios Padre, estaban de pie el Señor y Moisés, y alrededor del Trono se encontraban personas que desempeñaban el rol de jurado.

A diferencia de los jueces en este mundo, Dios es perfecto y no comete errores. No obstante, Él juzga junto con el Señor, quien se desempeña como abogado de amor, Moisés como el procurador o fiscal de la ley, y las otras personas como miembros del jurado. Apocalipsis 20:11-15 describe exactamente cómo juzgará Dios.

"Y vi un gran trono blanco y al que estaba sentado en él, de delante del cual huyeron la tierra y el cielo, y ningún lugar se encontró para ellos. Y vi a los muertos, grandes y pequeños, de pie ante Dios; y los libros fueron abiertos, y otro libro fue abierto, el cual es el libro de la vida; y fueron juzgados los muertos por las cosas que estaban escritas en los libros, según sus obras. Y el mar entregó los muertos que había en el; y la muerte y el Hades entregaron los muertos que había en ellos; y fueron juzgados cada uno según sus obras. Y la muerte y el Hades fueron lanzados al lago de fuego. Esta es la muerte segunda. Y el que no se halló inscrito en el libro de la vida fue lanzado al lago de fuego".

El 'Gran Trono Blanco' mencionado se refiere al Trono de Dios, quien es el juez. Dios, sentado en un trono que es tan brillante que parece 'blanco', ejecutará el juicio final con amor y justicia para enviar la paja, y no el trigo, al Infierno.

Por eso, algunas veces es llamado el Gran Juicio del Trono Blanco. Dios juzgará exactamente conforme al 'Libro de la Vida', que registra los nombres de todos aquellos que son salvos, y a otros libros que registran los hechos y actos de cada persona.

Los no salvos serán sentenciados al Infierno

En frente del Trono de Dios, no está solamente el Libro de la Vida, sino también otro libro que registra todas las acciones, hechos y obras de los que no aceptaron al Señor o que no tuvieron una fe verdadera (Apocalipsis 20:12).

Desde el momento en que las personas nacen hasta el momento en que el Señor llama a sus espíritus, cada acción o hecho particular está registrado en estos libros. Por ejemplo, hacer buenas acciones, maldecir a alguien, golpear a alguno o enojarse con otros, todo es anotado por mano de los ángeles.

Tal como usted puede grabar y guardar por mucho tiempo algunas conversaciones o eventos a través de video o grabación, los ángeles en el Cielo escriben y registran en los libros todos los acontecimientos por orden del Todopoderoso Dios. Por eso, el Juicio del Gran Trono Blanco se efectuará estrictamente sin ningún error. ¿Cómo se llevará a cabo el juicio?

Aquellos que no son salvos serán juzgados primero. Estos individuos no pueden venir ante Dios para ser juzgados porque son pecadores. Ellos serán juzgados solo en el Hades, el lugar de espera del Infierno. Aunque no comparezcan ante Dios, el juicio se efectuará de manera tan estricta como si se realizara en frente de Dios Mismo.

Entre los pecadores, Dios primero juzgará a aquellos cuyos pecados son más graves. Luego del juicio de los que no son salvos, todos ellos irán al lago de fuego o al lago de azufre ardiente y recibirán castigo eterno.

Las personas salvas son recompensadas en el Cielo

Luego de terminado el juicio de los no salvos, seguirá el juicio de las recompensas o galardones de aquellos que son salvos. Como Dios lo promete en Apocalipsis 22:12: *"He aquí yo vengo pronto, y mi galardón conmigo, para recompensar a cada uno según sea su obra"*, las moradas y las recompensas serán determinadas como corresponde en el Cielo.

El juicio por las recompensas se efectuará en paz frente a Dios porque éstas son para los hijos de Dios. El juicio por los galardones empieza con los que tienen las más grandes y mayores recompensas hasta aquellos con menores galardones, y entonces los hijos de Dios entrarán en sus respectivas moradas.

"No habrá allí más noche; y no tienen necesidad de luz de lámpara, ni de luz del sol, porque Dios el Señor los iluminará; y reinarán por los siglos de los siglos" (Apocalipsis 22:5).

Aunque se esté pasando por aflicciones y dificultades en este mundo, ¡cuán feliz se puede ser si se tiene la esperanza del Cielo! Ahí vivirá para siempre con gozo y felicidad con el Señor y no habrá más lágrimas, lamento, dolor, enfermedad ni muerte.

He descrito solo una breve parte de los siete años del Banquete de las Bodas y del Milenio durante el cual reinará con el Señor. Si estos momentos, que son solo el preludio de la vida en el Cielo, son tan felices, ¡cuán mayor será la felicidad y gozo al vivir en el Cielo! Por eso, debe correr la buena carrera puestos sus ojos en la morada y en las recompensas preparadas para usted en el Cielo hasta el día en que el Señor regrese para llevarlo.

¿Por qué nuestros antepasados en la fe se esforzaron y sufrieron tanto por seguir el camino angosto del Señor, en vez del camino fácil de este mundo? Ayunaron y oraron para despojarse de todos sus pecados y consagrarse completamente porque tenían la esperanza del Cielo. Porque creyeron que Dios los recompensaría en el Cielo conforme a sus obras, se esforzaron en mantener su santidad y ser fieles en toda la casa de Dios.

Por eso, en el nombre del Señor los bendigo para que no solo participen en los siete años del Banquete de las Bodas y estén en los brazos del Señor, sino también para que hagan todo lo posible por estar lo más cerca del Trono de Dios con la ferviente y firme esperanza de alcanzar el Cielo.

Capítulo 4

Los secretos del Cielo ocultos desde la creación

"Él respondiendo, les dijo: Porque a vosotros os es dado saber los misterios del reino de los cielos; más a ellos no les es dado. Porque a cualquiera que tiene, se le dará, y tendrá más; pero al que no tiene, aun lo que tiene le será quitado".

...

"Todo esto habló Jesús por parábolas a la gente, y sin parábolas no les hablaba; para que se cumpliese lo dicho por el profeta, cuando dijo: Abriré en parábolas mi boca; Declararé cosas escondidas desde la fundación del mundo".

- Mateo 13:11-12, 34-35

Un día, cuando Jesús estaba sentado a la orilla del mar, mucha gente se reunió. Entonces Jesús les habló muchas cosas en parábolas. En ese momento Sus discípulos le preguntaron:

"¿Por qué les hablas por parábolas?
El respondiendo, les dijo: Porque a vosotros os es dado

saber los misterios del reino de los cielos; mas a ellos no les es dado. Porque a cualquiera que tiene, se le dará y tendrá más; pero al que no tiene, aún lo que tiene le será quitado. Por eso les hablo por parábolas [...] Pero bienaventurados vuestros ojos, porque ven; y vuestros oídos, porque oyen. Porque de cierto os digo, que muchos profetas y justos desearon ver lo que veis, y no lo vieron; y oír lo que oís, y no lo oyeron" (Mateo 13:10-17).

Precisamente como Jesús dijo, muchos profetas y justos no podían ver ni oír los secretos del reino de los cielos a pesar de que deseaban verlos y oírlos.

No obstante, dado que Jesús, quien en Su Misma naturaleza es Dios, descendió a esta Tierra (Filipenses 2:6-8), Dios hizo que los secretos del Cielo sean revelados a Sus discípulos. Como está escrito en Mateo 13:35 que dice: *"Para que se cumpliese lo dicho por el profeta, cuando dijo: Abriré en parábolas mi boca; declararé cosas escondidas desde la fundación del mundo"*, Jesús habló en parábolas para cumplir lo que estaba estipulado en las Escrituras.

Los secretos del Cielo comienzan a ser revelados a partir de Jesús

El 'Mensaje de la cruz' que es el camino para llegar a ser verdaderos hijos de Dios, fue planeado aun antes de la creación del mundo, pero fue ocultado en secreto (1 Corintos 2:7). Si no se hubiera encubierto, Satanás y el diablo no hubieran crucificado a Jesús y el camino para la salvación del hombre no hubiera sido revelado.

De la misma forma, si los secretos del Cielo no hubieran sido encubiertos desde el momento de la creación, no se hubiera podido realizar el cultivo del ser humano para lograr verdaderos hijos de Dios. Sin embargo, después que Jesús viniera a este mundo y comenzara Su Ministerio, los secretos del Cielo fueron conocidos porque el Señor deseaba que al entenderlos el ser humano llevará abundante fruto.

Jesús revela los secretos del Cielo a través de parábolas

En Mateo 13, hay muchas parábolas acerca del Cielo. Esto se debe a que sin parábolas no se puede entender los secretos del Cielo incluso cuando se lea varias veces la Biblia.

"El reino de los cielos es semejante a un hombre que sembró buena semilla en su campo…" (v. 24).

"El reino de los cielos es semejante al grano de mostaza, que un hombre tomó y sembró en su campo; el cual a la verdad es la más pequeña de todas las semillas; pero cuando ha crecido, es la mayor de las hortalizas, y se hace árbol, de tal manera que vienen las aves del cielo y hacen nidos en sus ramas" (v. 31-32).

"El reino de los cielos es semejante a la levadura que tomó una mujer, y escondió en tres medidas de harina, hasta que todo fue leudado" (v. 33).

"Además, el reino de los cielos es semejante a un tesoro escondido en un campo, el cual un hombre halla, y lo esconde de nuevo; y gozoso por ello va y vende todo lo que tiene, y compra aquel campo" (v. 44).

"También el reino de los cielos es semejante a un mercader que busca buenas perlas, que habiendo hallado una perla preciosa, fue y vendió todo lo que tenía, y la compró" (v. 45-46).

"Asimismo el reino de los cielos es semejante a una red, que echada en el mar, recoge de toda clase de peces; y una vez llena, la sacan a la orilla; y sentados, recogen lo bueno en cestas, y lo malo echan fuera" (v. 47-48).

De esta forma, es decir a través de muchas parábolas, Jesús predicaba acerca del Cielo, que está en el mundo espiritual. Debido a que el Cielo se encuentra en el mundo espiritual invisible, solo se lo llega a comprender por medio de parábolas.

Para obtener la vida eterna en el Cielo, se debe vivir una vida correcta de fe conociendo cómo poseer el Cielo, qué clase de personas entrarán allí y cuándo se llegará a cumplir todo ello.

¿Cuál es el objetivo final de asistir a la iglesia y de vivir una vida de fe? Es ser salvo e ir al Cielo. Sin embargo, si a pesar de haber asistido por mucho tiempo a una iglesia usted no logra ir al Cielo, ¡cuán triste sería eso!

Incluso en el tiempo de Jesús, muchos obedecían la ley y confesaban su fe en Dios, pero no estaban calificados para ser salvos y entrar al Cielo. Por esta razón, en Mateo 3, Juan el Bautista proclamó: *"Arrepentíos, porque el reino de los cielos se ha acercado..."* y preparó el camino para el Señor. También dijo al pueblo que Jesús es el Salvador y el Señor del Gran Juicio, diciéndoles:

"Yo a la verdad os bautizo en agua para arrepentimiento; pero el que viene tras mí, cuyo calzado yo no soy digno de llevar, es más poderoso que yo; él os bautizará en Espíritu Santo y fuego. Su aventador está en su mano, y limpiará su era; y recogerá su trigo en el granero, y quemará la paja en fuego que nunca se apagará".

No obstante, los israelitas de ese tiempo, no solo fracasaron en reconocerlo como su Salvador, sino que también lo crucificaron. ¡Cuán triste es que ellos todavía estén aguardando al Mesías, hasta hoy!

Los secretos del Cielo revelados al Apóstol Pablo

Aunque el Apóstol Pablo no fue uno de los doce primeros discípulos de Jesús, no fue menos que ningún otro al testificar acerca de Jesucristo. Antes de que llegara a conocer al Señor,

Pablo había sido un fariseo que guardaba estrictamente la ley y las tradiciones de los ancianos. Era judío de nacimiento con ciudadanía romana, y participó en la persecución de los primeros cristianos.

Sin embargo, luego de tener un encuentro con el Señor en el camino a Damasco, la mente de Pablo fue completamente trasformada y guió a muchos al camino de la salvación, enfocándose en la evangelización de los gentiles.

Dios sabía que Pablo sufriría mucho dolor y persecución mientras predicaba el evangelio. Por esto le reveló los maravillosos y admirables secretos del Cielo para que pudiera proseguir su carrera hacia la meta (Filipenses 3:12-14). Dios hizo que predicara el evangelio con gozo extremo y con la esperanza del Cielo.

Si lee las epístolas que el Apóstol Pablo escribió en la Biblia inspirado por el Espíritu Santo, podrá ver que las escribió lleno de entusiasmo por el regreso del Señor, por el arrebatamiento de los creyentes en el aire, por las moradas en el Cielo, por la gloria del Cielo, por las eternas coronas y recompensas, por el eterno sacerdocio de Melquisedec y por Jesucristo.

En 2 Corintios 12:1-4, Pablo comparte sus experiencias a la iglesia que fundó en Corinto, que no estaba viviendo conforme a la Palabra de Dios:

"Ciertamente no me conviene gloriarme; pero vendré a las visiones y a las revelaciones del Señor. Conozco a un hombre en Cristo, que hace catorce años (si en el cuerpo, no lo sé; si fuera del cuerpo, no lo sé; Dios lo

sabe) fue arrebatado hasta el tercer cielo. Y conozco al tal hombre (si en el cuerpo, o fuera del cuerpo, no lo sé; Dios lo sabe), que fue arrebatado al paraíso, donde oyó palabras inefables que no le es dado al hombre expresar".

Dios escogió y seleccionó al Apóstol Pablo para la evangelización de los gentiles, lo refinó con fuego y le dio visiones y revelaciones. Dios lo guió para vencer todas las aflicciones e injusticias con amor, fe, y esperanza en el Cielo. Por ejemplo: Pablo confesó que había sido llevado al Paraíso en el Tercer Cielo y que había oído los secretos del Cielo catorce años antes, pero debido a que eran tan maravillosos no le había sido permitido darlos a conocer.

Un apóstol es una persona que es llamada por Dios y que obedece completamente Su voluntad. Sin embargo, había algunos entre los miembros de la iglesia de Corinto que habían sido engañados por falsos maestros y juzgaban al Apóstol Pablo.

Es aquí donde el Apóstol Pablo detalló y mencionó las aflicciones y pruebas que había sufrido por el Señor y compartió sus experiencias espirituales que llevaron a los corintios a ser las hermosas novias del Señor, comportándose y actuando conforme a la Palabra de Dios. No lo hizo para vanagloriarse en sus experiencias espirituales, sino solo para edificar y fortalecer a la iglesia de Cristo, defendiendo y confirmando su apostolado.

Lo que debe entender es que las visiones y las revelaciones del Señor son dadas solo a aquellos que Dios aprueba. Asimismo, a diferencia de los miembros de la iglesia de Corinto que fueron engañados por falsos maestros juzgando a Pablo, usted no debe juzgar a nadie que trabaje para la expansión del Reino de Dios, que guíe a muchos a la salvación y que es aprobado por Dios.

Los secretos del Cielo mostrados al Apóstol Juan

El Apóstol Juan fue uno de los doce discípulos y el más amado por Jesús. El Mismo Jesús no solo lo llamó como 'discípulo', sino también lo educó y lo alimentó espiritualmente para que pudiera servir muy de cerca a su maestro. Tenía un temperamento muy explosivo y debido a eso lo llamaban 'hijo del trueno'. Sin embargo, llegó a ser el apóstol del amor luego de ser transformado por el poder de Dios y ser discipulado por Jesús. Juan siguió a Jesús, buscando la gloria en el Cielo. Fue también el único discípulo que oyó las siete últimas palabras que Jesús pronunció en la cruz. Fue fiel en su deber como apóstol y llegó a ser grande entre los que van al Cielo.

Como resultado de la dura persecución del Imperio Romano al cristianismo, Juan fue arrojado en aceite hirviendo, pero no murió y fue exiliado a la isla de Patmos. Allí mantuvo una íntima comunión con Dios y llegó a escribir el libro de Apocalipsis que está lleno de los secretos del Cielo.

Juan escribió acerca de muchas cosas espirituales, como 'el Trono de Dios y del Cordero en el Cielo', 'la adoración en el Cielo', 'los cuatro seres vivientes que están alrededor del Trono de Dios', 'los siete años de la Gran Tribulación y el rol de los ángeles', 'el Banquete de las Bodas del Cordero y el Milenio', 'el Juicio del Gran Trono Blanco', 'el Infierno', 'la Nueva Jerusalén en el Cielo y el Abismo, 'el insondable precipicio'.

Por eso, el Apóstol Juan dice en Apocalipsis 1:1-3, que el libro es un registro de las revelaciones y visiones del Señor, y que escribe todas estas cosas porque van a acontecer muy pronto.

"La revelación de Jesucristo, que Dios le dio, para manifestar a sus siervos las cosas que deben suceder pronto; y la declaró enviándola por medio de su ángel a su siervo Juan, que ha dado testimonio de la palabra de Dios, y del testimonio de Jesucristo, y de todas las cosas que ha visto. Bienaventurado el que lee, y los que oyen las palabras de esta profecía, y guardan las cosas en ella escritas; porque el tiempo está cerca".

La frase *"el tiempo está cerca"* quiere decir que el momento del regreso del Señor está cerca. Por eso, es muy importante reunir las condiciones necesarias para ser salvos por fe y así entrar al reino de los cielos.

Incluso si va a la iglesia todas las semanas, no llegará a ser salvo a menos que tenga una fe con obras. Jesús le dice: *"No todo el que me dice: Señor, Señor, entrará en el reino de los cielos, sino el que hace la voluntad de mi Padre que está en los cielos"* (Mateo 7:21). Por lo tanto, si no actúa ni se comporta conforme a la Palabra de Dios, es obvio que no podrá entrar al Cielo.

Por eso, el Apóstol Juan explica detalladamente en el libro de Apocalipsis, a partir del capítulo 4 en adelante, los eventos y las profecías que tendrán lugar y que se cumplirán pronto, y concluye que el Señor regresa y que todos deben lavar sus vestiduras para gozar del derecho a entrar al reino de los cielos.

> *"He aquí yo vengo pronto, y mi galardón conmigo, para recompensar a cada uno según sea su obra. Yo soy el Alfa y la Omega, el principio y el fin, el primero y el último. Bienaventurados los que lavan sus ropas, para tener derecho al árbol de la vida, y para entrar por las puertas en la ciudad"* (Apocalipsis 22:12-14).

Espiritualmente, la ropa o vestimenta representa el corazón y las acciones de cada uno. Lavar las ropas se refiere al arrepentimiento de los pecados que ha cometido antes de aceptar a Jesucristo y después de comenzar a vivir de acuerdo con la voluntad de Dios.

Así, en la medida en que viva conforme a la Palabra de Dios, podrá entrar y llegar al lugar más hermoso en el Cielo, la Nueva Jerusalén.

En el libro *LA MEDIDA DE FE* se explica que la fe tiene un proceso de crecimiento. Sobre este punto, el Apóstol Juan clasifica la fe en: fe de un bebé, de un niño, de un joven, y de un adulto o de un padre.

En consecuencia, debe comprender que mientras más crezca en su fe, podrá obtener un mejor lugar o una mejor morada en el Cielo.

Los secretos del Cielo son también revelados hoy

Cerca de mil novecientos años han pasado desde que el Apóstol Juan escribió el libro de Apocalipsis, y hoy el regreso del Señor está aun mucho más cerca. Por eso, Dios abre los ojos espirituales de algunas personas y les permite ver el Cielo y el Infierno. Hará que algunos vayan en el espíritu al Cielo y al Infierno, y los exhortará a divulgar lo que han visto, tanto a creyentes como a no creyentes.

Me siento terriblemente triste, por una parte, porque no puedo explicar más en detalle acerca del Cielo y del Infierno, ya que ambos pertenecen al vasto mundo espiritual. Y, por otra parte, porque algunas veces se transmite el mensaje en forma incorrecta o los oyentes no lo entienden completamente.

Yo anhelaba conocer y saber más acerca del Cielo y mi deseo fue respondido; llegué a conocer en detalle los secretos del Cielo luego de haber orado y ayunado durante siete años en diversas ocasiones. En mayo de 1984, Dios me dijo que ayunara por tres días en mi casa de oración, que estaba muy alejada de los hermanos de la iglesia, y tuve una íntima comunión con Él. En ese momento, me explicó detalles del Cielo y así pude escribir en un cuaderno cerca de 120 páginas de valiosas notas. Me describió lo maravilloso, sorprendente y extraordinaria que es la vida en el Cielo, los diferentes lugares y moradas y las recompensas que se recibirán conforme a la medida de fe de cada uno. En una ocasión, durante mi ministerio, prediqué por varios meses solo acerca del Cielo.

Después, Dios me reveló aún más los secretos del reino de

los cielos y me explicó el libro de Apocalipsis y, a partir de 1998, continúo revelándome todo esto con mayor profundidad. Dios está dando a conocer muchos acontecimientos que han estado ocultos desde el inicio de los siglos, pero al igual que el Apóstol Pablo quien confesó que hay 'cosas que no le es dado al hombre expresar', existen muchas cosas que no puedo decir.

Por alguna razón, Dios ha hecho que conozca no solo del Cielo, sino también profundos secretos del reino espiritual. En primer lugar, Dios desea salvar a infinidad de almas a través de mi testimonio, predicando a Jesucristo, el Salvador. En segundo lugar, Dios, quien es Santo y Perfecto, quiere guiar a Sus hijos a la santidad y perfección para que se preparen como las hermosas novias aguardando el regreso del Señor, predicando y difundiendo el Evangelio de Santidad.

Por eso, debe comprender que el fin está muy cerca, y hacer todo lo posible por entrar a la Nueva Jerusalén, que es tan resplandeciente y hermosa como el cristal, predicando el evangelio y preparándose como la hermosa novia de Jesucristo.

Los secretos del Cielo revelados al final de los tiempos

Profundicemos en los secretos del Cielo que son revelados por medio de las parábolas de Jesús en Mateo 13, y que serán de gran gozo al final de los tiempos.

Él separará a los malvados de los justos

En Mateo 13:47-50 Jesús dice que el reino de los cielos es semejante a una red que fue echada en el mar y que recogió toda clase de peces. ¿Qué significa esto?

"Asimismo el reino de los cielos es semejante a una red, que echada en el mar, recoge de toda clase de peces; y una vez llena, la sacan a la orilla; y sentados, recogen lo bueno en cestas, y lo malo echan fuera. Así será al fin del siglo: saldrán los ángeles, y apartarán a los malos de entre los justos, y los echarán en el horno de fuego; allí será el lloro y el crujir de dientes".

En este verso 'el mar' se refiere al mundo, 'los peces' a todos los creyentes, y 'el pescador que echa la red al mar y recoge los peces' es Dios. ¿Qué significa echar la red, recogerla llena, escoger los peces buenos en canastas y echar fuera los peces malos? Dios le hace saber que al final de los siglos vendrán los ángeles y apartarán a los justos, que irán al Cielo, de los malvados, que serán echados al Infierno.

Hoy muchos piensan que entrarán al reino de los Cielos solo aceptando a Jesucristo. El Señor, no obstante, dice: *"...saldrán los ángeles, y apartarán a los malos de entre los justos, y los echarán en el horno de fuego..."* (Mateo 13:49-50).

'Los justos' mencionados en el verso conciernen a aquellos que son llamados 'justos' al creer en Jesucristo con corazón sincero y muestran esa fe por medio de obras o acciones. Usted es

83

'justo' no porque conoce o sabe la Palabra de Dios, sino porque obedece a Sus mandamientos y actúa conforme a Su voluntad (Mateo 7:21).

En la Biblia se nos dice lo que 'debemos hacer', lo que 'no debemos hacer', lo que 'debemos guardar o cumplir', y lo que 'debemos desechar'. Solo aquellos que viven de acuerdo a la Palabra de Dios son 'justos' y tienen una fe espiritual viva. Hay algunos que dicen ser justos y pueden ser llamados 'justos' por la gente, pero no lo son ante Dios. Por eso, se debe poder reconocer la diferencia entre la justicia de los hombres y la de Dios, y llegar a ser un hombre justo ante Dios.

Por ejemplo: si un hombre que se llama a sí mismo justo roba, ¿quién podrá reconocerlo como justo? Si aquellos que se llaman a sí mismos 'hijos de Dios' continúan pecando y no viven conforme a la Palabra de Dios, no podrán ser llamados 'justos'. Esta clase de personas son los malvados entre los justos.

Los diversos tipos de gloria de los cuerpos celestiales

Si acepta a Jesucristo y vive únicamente conforme a la Palabra de Dios, resplandecerá como el sol en el cielo. El Apóstol Pablo escribe específicamente en 1 Corintios 15:40-41 los secretos del Cielo:

"Y hay cuerpos celestiales, y cuerpos terrenales; pero una es la gloria de los celestiales, y otra la de los terrenales. Una es la gloria del sol, otra la gloria de la luna, y la otra la gloria de las estrellas, pues una estrella

es diferente de otra en gloria".

Dado que solo se puede entrar al Cielo por fe, es razonable y sensato que la gloria y el esplendor en el Cielo sea diferente de acuerdo a la medida de fe de cada uno. Por eso, hay una gloria y esplendor del sol, otro de la luna y otro de las estrellas. Y aun las estrellas difieren en resplandor y brillo.

Veamos otro secreto del Cielo a través de la parábola de la semilla de mostaza en Mateo 13:31-32.

"Otra parábola les refirió, diciendo: El reino de los cielos es semejante al grano de mostaza, que un hombre tomó y sembró en su campo; el cual a la verdad es la más pequeña de todas las semillas; pero cuando ha crecido, es la mayor de las hortalizas, y se hace árbol, de tal manera que vienen las aves del cielo y hacen nidos en sus ramas".

Un grano de mostaza es del tamaño de la marca que deja la punta de un esferográfico sobre un papel. Sin embargo, esta pequeña semilla crecerá hasta llegar a ser un árbol tan grande que los pájaros y las aves del Cielo vendrán y se posarán en él. ¿Qué quería enseñarnos Jesús por medio de esta parábola del grano de mostaza? La lección y enseñanza para asimilar es que el Cielo solo se obtiene por fe y que la fe tiene diferentes medidas. Por eso, si ahora tiene una fe 'pequeña', podrá nutrirla y alimentarla, y hacerla crecer hasta tener una fe 'grande'.

Si la fe fuera tan pequeña como un grano de mostaza

Jesús, en Mateo 17:20, dice: *"Por vuestra poca fe; porque de cierto os digo, que si tuviereis fe como un grano de mostaza, diréis a este monte: Pásate de aquí allá, y se pasará; y nada os será imposible"*. En respuesta a la súplica de Sus discípulos que pidieron que les 'aumente la fe', Jesús respondió: "Si tuvierais fe como un grano de mostaza, podríais decir a este sicómoro: Desarráigate, y plántate en el mar; y os obedecería" (Lucas 17:5-6).

¿Cuál es entonces el significado espiritual de estos versículos? Denotan que cuando la fe, pequeña como un grano de mostaza, crece y llega a convertirse en una gran fe, nada será imposible. Cuando uno acepta a Jesucristo, su fe es tan pequeña como un grano de mostaza. Cuando siembra esta semilla de fe en su corazón germinará. Y al crecer llegará a ser una fe tan grande como un gran árbol donde muchas aves vienen a posarse. Uno experimentará las obras del poder de Dios, tales como los ciegos llegando a ver, los sordos volviendo a oír, los mudos logrando hablar y los muertos volviendo a la vida. Los mismos prodigios y milagros que Jesús hizo.

Si piensa que tiene fe, pero aún no puede mostrar las obras del poder de Dios y tiene problemas en su familia o en su negocio, es porque su fe es tan pequeña como un grano de mostaza y aún no ha crecido al tamaño de un gran árbol.

El proceso de crecimiento de la fe espiritual

En 1 Juan 2:12-14, el Apóstol Juan brevemente explica el

crecimiento de la fe espiritual:

"Os escribo a vosotros, hijitos, porque vuestros pecados os han sido perdonados por su nombre. Os escribo a vosotros, padres, porque conocéis al que es desde el principio. Os escribo a vosotros, jóvenes, porque habéis vencido al maligno. Os escribo a vosotros, hijitos, porque habéis conocido al Padre. Os he escrito a vosotros, padres, porque habéis conocido al que es desde el principio. Os he escrito a vosotros, jóvenes, porque sois fuertes, y la palabra de Dios permanece en vosotros, y habéis vencido al maligno".

Aquí se nos dice que hay un proceso en el crecimiento de la fe. Debe desarrollar su fe y tener la fe de los padres que lo lleva a conocer a Dios. No debe estar satisfecho con la medida de fe de los niños, cuyos pecados son perdonados por Jesucristo.

Además, como Jesús dijo en Mateo 13:33: *"El reino de los cielos es semejante a la levadura que tomó una mujer, y escondió en tres medidas de harina, hasta que todo fue leudado".*

En consecuencia, el crecimiento de la fe, de ser tan pequeña como un grano de mostaza hasta una fe grande, se logra tan rápidamente como obra la levadura en toda la masa leudada. Como leemos en 1 Corintios 12:9, la fe es un don espiritual que Dios da.

El Cielo que se compra con todo lo que se tiene

Para ir al Cielo necesita en verdad esforzarse, porque el Cielo solo se puede tomar por fe y hay un proceso de crecimiento en la fe. Incluso en este mundo, uno tiene que esmerarse mucho para llegar a conseguir riquezas y fama, para ganar suficiente dinero y comprar, por ejemplo, una casa. Se esfuerza tanto para comprar y mantener todas estas cosas, ninguna de las cuales podrá guardar por siempre. ¿Cuánto más, entonces, debería esforzarse por conseguir gloria, esplendor y una morada eterna en el Cielo?

Jesús dijo en Mateo 13:44: *"Además, el reino de los cielos es semejante a un tesoro escondido en un campo, el cual un hombre halla, y lo esconde de nuevo; y gozoso por ello va y vende todo lo que tiene, y compra aquel campo".* Y continua en Mateo 13:45-46: *"También el reino de los cielos es semejante a un mercader que busca buenas perlas, que habiendo hallado una perla preciosa, fue y vendió todo lo que tenía, y la compró".*

¿Cuáles son los secretos del Cielo revelados a través de las parábolas del tesoro escondido en un campo y de la perla preciosa? Jesús acostumbraba contar parábolas haciendo referencia a objetos y situaciones que fácilmente podían presentarse en la vida diaria. Demos un vistazo a la parábola del 'tesoro escondido en el campo.'

Había un campesino pobre que subsistía ganando diariamente su paga o sustento. Un día, fue a trabajar por encargo de su vecino. Se le había dicho que la tierra era árida y estéril porque no había sido usada por largo tiempo, pero su vecino deseaba plantar algunos árboles frutales para no desperdiciar el terreno. El campesino aceptó hacer el trabajo. Un día estaba limpiando el campo y al hundir la pala sintió algo muy duro. Continuó cavando y encontró un gran tesoro en la propiedad. Al descubrirlo, el labrador comenzó a pensar de qué manera podía quedarse con el tesoro. Decidió comprar la tierra en la que había sido escondido el tesoro y, como el campo era árido y estaba casi abandonado, el campesino pensó que el propietario desearía venderlo sin ningún problema.

Volvió a su casa, puso en orden todo lo que tenía y empezó a vender todas sus posesiones. No tuvo ningún reparo en vender todo lo que tenía, porque había descubierto el tesoro, que era más valioso que todo lo que poseía.

La parábola del tesoro escondido en un campo

¿Qué es lo que uno debe entender en la parábola del tesoro escondido en el campo? Hay cuatro aspectos del reino de los cielos que uno debe entender en la parábola del tesoro escondido en un campo.

Primero: el campo representa su corazón y el tesoro significa el Cielo. Esto implica que el Cielo, como el tesoro, está escondido en su corazón.

Dios hizo a los seres humanos con espíritu, alma y cuerpo. El espíritu está hecho para dominar y controlar al hombre y para comunicarse con Dios. El alma ha sido hecha para obedecer las órdenes del espíritu y el cuerpo está hecho como el lugar de morada del espíritu y del alma. Por eso, el ser humano solía ser un espíritu viviente, como se menciona en Génesis 2:7.

Desde el momento en que el primer hombre, Adán, pecó desobedeciendo a Dios, el espíritu que controlaba al hombre murió y el alma empezó a tomar el control. El ser humano entonces cayó en más pecados, yendo por la senda de la muerte porque ya no podía comunicarse con Dios. Ahora estaba dominado por el alma, que estaba bajo el control del enemigo diablo y Satanás.

Por eso, el Dios de amor envió a Su unigénito Hijo Jesús a este mundo y dejó que fuera crucificado y que derramará Su sangre como sacrificio expiatorio para redimir a toda la humanidad de sus pecados. Debido a esto, el camino de la salvación fue abierto para que todos llegáramos a ser hijos de un Dios santo y pudiéramos nuevamente tener comunión con Él.

Por tanto, todo aquel que acepte a Jesucristo como su Salvador personal recibirá el Espíritu Santo, y su espíritu volverá a vivir. También, recibirá el derecho de ser hijo de Dios y su corazón se llenará de alegría y gozo.

Esto significa que el espíritu del hombre volverá a comunicarse con Dios y nuevamente controlará el alma y el cuerpo del ser humano. Esto también quiere decir que, a partir de ese momento, el hombre llegará a tener temor reverente de Dios y obedecerá Su Palabra, cumpliendo el rol que Dios le asignó desde un principio.

En consecuencia, cuando el espíritu nace de nuevo, es lo mismo que haber encontrado un tesoro escondido en un campo.

El Cielo es semejante al tesoro escondido en el campo, porque está ahora en su corazón.

Segundo: el hombre que encontrando el tesoro escondido en el campo está gozoso nos da a entender que si uno acepta a Jesucristo y recibe el Espíritu Santo, el espíritu muerto volverá a nacer, y llegará a comprender que el Cielo está en su corazón y se regocijará.

Jesús dice en Mateo 11:12b: *"... el reino de los cielos sufre violencia, y los violentos lo arrebatan"*. El apóstol Juan también escribe en Apocalipsis 22:14: *"Bienaventurados los que lavan sus ropas, para tener derecho al árbol de la vida, y para entrar por las puertas en la ciudad"*.

Lo que nos muestran estos pasajes es que no todos los que han aceptado a Jesucristo irán al mismo lugar o morada en el reino de los cielos. De acuerdo al grado en que se asemeje al Señor y llegue a vivir en la verdad, heredará una morada más hermosa en el Cielo.

Por eso aquellos que aman a Dios y tienen la esperanza del Cielo, en todo momento obrarán y vivirán de acuerdo a la Palabra de Dios y, despojándose de toda maldad, se asemejarán más al Señor.

Usted se apodera y goza del reino de los cielos en la medida en que llene su corazón con el Cielo, donde solo hay bondad y verdad. Incluso en este mundo tendrá gozo cuando se dé cuenta que el Cielo está en su corazón.

Esta es la clase de gozo que experimenta cuando recibe por

primera vez a Jesucristo. Imagínese, cuán gozoso se pondría uno que, estando condenado a morir, le dieran vida, y vida verdadera, y además la eternidad del Cielo a través de Jesucristo. Estaría además tan agradecido porque sabría y creería que el reino de los cielos está en su corazón. De esta forma, el gozo de un hombre que se regocija por haber encontrado el tesoro oculto en un campo, representa el gozo de aceptar a Jesucristo y saber que el reino de los cielos está en su corazón.

Tercero: el hecho de esconder el tesoro otra vez luego de haberlo encontrado indica que el espíritu muerto ha vuelto a nacer y que desea vivir de acuerdo a la Palabra de Dios, pero no puede poner en práctica su decisión debido a que no ha recibido el poder para vivir conforme a la Palabra de Dios.

El campesino no pudo desenterrar el tesoro inmediatamente después de haberlo encontrado. Primero tenía que vender sus posesiones y comprar el campo. De la misma forma, usted sabe que hay un Cielo y un Infierno y sabe también cómo entrar al reino de los cielos, aceptando a Jesucristo como su Salvador, pero no puede vivir de acuerdo a ello tan pronto como empieza a escuchar la Palabra de Dios.

Debido a que antes de aceptar a Jesucristo, ha vivido una vida de pecado, en abierta oposición a la Palabra de Dios, aún queda mucha injusticia en su corazón. Sin embargo, si no desecha de su corazón todo lo que es falso a la vez que declara y confiesa su fe en Dios, Satanás continuará atrayéndolo hacia las tinieblas para que no pueda vivir conforme a la Palabra de Dios. Al igual que el campesino que compró el campo luego de vender todo lo que tenía, usted podrá conseguir ese tesoro en su corazón solo en la medida en que procure desechar de su mente toda falsedad y mentira, y tenga el corazón que Dios desea para usted.

Por eso, debe seguir la verdad, que es la Palabra de Dios, dependiendo de Dios y orando fervientemente. Solo entonces la falsedad y la mentira serán desechadas y recibirá el poder para actuar y vivir conforme a la Palabra de Dios. Debe tener siempre presente en su mente que el Cielo es solo para esta clase de personas.

Cuarto: vender todo lo que tiene, quiere decir que para que el espíritu muerto vuelva a nacer y ser el amo del hombre, tendrá que derribar y destruir todas las mentiras provenientes del alma.

Cuando el espíritu muerto vuelve a nacer, se dará cuenta que hay un Cielo. Debe apoderarse del Cielo derribando todo pensamiento falso que proviene del alma y que está gobernado por Satanás y debe tener una fe acompañada de obras. Este es el mismo principio que se da cuando un pollito tiene que romper el cascarón para salir al mundo exterior.

Por eso, debe despojarse de todas las obras y deseos de su naturaleza pecaminosa para poseer completamente el Cielo. Más aún, debe llegar a ser una persona de espíritu íntegro que se asemeje totalmente a la naturaleza divina del Señor (1 Tesalonicenses 5:23).

Las obras de la naturaleza pecaminosa son la personificación de la maldad en el corazón, que se exteriorizan en acciones. Los deseos de la naturaleza pecaminosa se refieren a toda clase de pecados en el corazón que pueden manifestarse en cualquier momento en acciones, incluso cuando no se hayan expresado en obras. Por ejemplo: si tiene odio en su corazón, este es un deseo de su naturaleza pecaminosa. Si este odio se expresa en acción al golpear a otra persona, ese es un acto u obra de la carne.

En Gálatas 5:19-21 se declara firmemente: *"Y manifiestas son las obras de la carne, que son: adulterio, fornicación, inmundicia, lascivia, idolatría, hechicerías, enemistades, pleitos, celos, iras, contiendas, disensiones, herejías, envidias, homicidios, borracheras, orgías, y cosas semejantes a estas; acerca de las cuales os amonesto, como ya os lo he dicho antes, que los que practican tales cosas no heredarán el reino de Dios"*.

Asimismo, en Romanos 13:13-14 se insta: *"Andemos como de día, honestamente; no en glotonerías y borracheras, no en lujurias y lascivias, no en contiendas y envidia, sino vestíos del Señor Jesucristo, y no proveáis para los deseos de la carne"*.

En consecuencia, vender todo lo que se tiene significa derribar toda falsedad y mentira que se levante en contra de la voluntad de Dios en su alma, desechar las obras y los deseos de la carne que se oponen a la Palabra de Dios y dejar de lado todo lo que ha amado más que a Dios.

Si continúa de esta forma, despojándose de sus pecados y de la maldad, su espíritu se fortalecerá más y más, y podrá vivir conforme a la Palabra de Dios, siguiendo los deseos del Espíritu Santo. Finalmente, llegará a ser una persona controlada por el espíritu y podrá alcanzar la naturaleza divina del Señor (Filipenses 2:5-8).

Poseer el Cielo en la medida en que lo alcance en su corazón

Alguien que posee el Cielo por fe, es aquel que vende todo lo que tiene, echando fuera todo lo malo y teniendo el Cielo en su corazón. Cuando el Señor regrese, el Cielo que era como una imagen para nosotros, llegará a ser una realidad. Alguien que posee el Cielo es la persona más rica, aunque haya dejado de lado todo en este mundo. Sin embargo, alguien que no posee el Cielo es la persona más pobre, que no tiene nada en realidad, aun si posee todo en este mundo. Esto se debe a que todo lo que necesita está en Jesucristo y fuera de Cristo todo carece de valor, porque después de la muerte, solo nos espera el juicio eterno.

Por eso, Mateo siguió a Jesús dejando de lado su ocupación. Igualmente, Pedro siguió a Jesús abandonando su bote y su red. Incluso el Apóstol Pablo, luego de aceptar a Jesucristo, consideró como basura todo lo que tenía. La razón por la cual todos estos apóstoles pudieron hacer esto fue porque deseaban encontrar el 'tesoro', que es mucho más valioso que cualquier otra cosa en este mundo.

De la misma forma, usted debe mostrar su fe con obras obedeciendo la verdadera Palabra y desechando toda falsedad y mentira que está en contra de Dios. Tiene que alcanzar el reino de los cielos en su corazón vendiendo todas las falsedades y mentiras, tales como la obstinación, el orgullo y la soberbia o arrogancia que todavía ha guardado como tesoro en su corazón.

Por eso, no debe buscar las cosas de este mundo sino vender todo lo que tiene para lograr el Cielo en su corazón y heredar el eterno reino de los cielos.

En la casa de mi Padre muchas moradas hay

En Juan 14:1-3, se puede apreciar que hay muchas moradas en el Cielo y que Jesucristo ha ido a preparar lugar para usted en el Cielo.

> *"No se turbe vuestro corazón; creéis en Dios, creed también en mí. En la casa de mi Padre, muchas moradas hay; si así no fuera, yo os lo hubiera dicho; voy, pues, a preparar lugar para vosotros. Y si me fuere y os preparare lugar, vendré otra vez, y os tomaré a mí mismo, para que donde yo estoy, vosotros también estéis".*

El Señor ha ido a preparar su morada celestial

Justo antes que fuera arrestado para ser crucificado, Jesús dijo a Sus discípulos las cosas que habrían de suceder. Mirando a Sus discípulos, quienes estaban preocupados luego de haber oído de la traición de Judas Iscariote, la negación de Pedro y la muerte de Jesús, los consoló contándoles acerca de las moradas en el Cielo.

Por eso dijo: *"En la casa de mi Padre, muchas moradas*

hay; si así no fuera, yo os lo hubiera dicho; voy, pues, a preparar lugar para vosotros". Jesús fue crucificado y resucitó luego de tres días, destruyendo la autoridad de la muerte. Después de cuarenta días, ascendió al Cielo en presencia de muchas personas, a fin de preparar la morada celestial para usted. ¿Qué significa, entonces, *"voy a preparar lugar para vosotros"*? Como está escrito en 1 Juan 2:2: *"Y él es la propiciación por nuestros pecados; y no solamente por los nuestros, sino también por los de todo el mundo"*. Esto significa que Jesús derribó el muro de pecado que había entre el hombre y Dios para que cualquier persona posea el Cielo por fe.

Sin Jesucristo, el muro de pecado entre Dios y usted no podía haber sido derribado. En el Antiguo Testamento, cuando un hombre pecaba, ofrecía un animal como sacrificio para expiar su pecado. Jesús, sin embargo, ofreciéndose a Sí Mismo una vez y para siempre como único sacrificio, hizo que sea perdonado de sus pecados y que pueda alcanzar la santidad (Hebreos 10:12-14).

Solamente a través de Jesucristo, se pudo derribar el muro de pecado entre Dios y usted para así recibir la bendición de entrar al reino de los cielos y disfrutar de la vida eterna.

En la casa de mí Padre muchas moradas hay

Jesús, en Juan 14:2 dice: *"En la casa de mi Padre muchas moradas hay"*. El corazón del Señor desea que todos sean salvos y se enternece en este versículo (1 Timoteo 2:4). En este sentido, ¿por qué mencionó Jesús la 'casa de Su Padre' en vez de hablar del 'reino de los Cielos'? Es porque Dios no quiere 'ciudadanos' sino 'hijos' con los que pueda compartir eternamente Su amor como Padre.

El Cielo está gobernado por Dios y es lo suficientemente grande para dar cabida a todos aquellos que por fe son salvos. Además, es un lugar tan hermoso y extraordinario que no se puede comparar con este mundo. En el reino de los Cielos, cuyo tamaño es inimaginable, el lugar más hermoso y glorioso es la Nueva Jerusalén donde está el Trono de Dios. Así como existe la Casa Azul en Seúl, la capital de Corea del Sur, y la Casa Blanca en Washington DC., la capital de los EE. UU. en la que vive el Presidente de cada uno de estos países, en la Nueva Jerusalén se ubica el Trono de Dios.

¿Dónde está entonces la Nueva Jerusalén? Se encuentra en el centro del Cielo y es donde los que tiene la fe que ha agradado a Dios, vivirán por siempre. Por el contrario, la parte más alejada o exterior del Cielo es el Paraíso. Exactamente como el ladrón que se encontraba al lado de Jesús, que aceptó a Jesucristo y fue salvo, aquellos que solo aceptan al Señor y no hacen nada por el reino de Dios permanecerán allí.

El Cielo es dado conforme a la medida de fe

¿Por qué Dios ha preparado para Sus hijos muchas moradas en el Cielo? Dios es justo y hace que usted coseche aquello que ha sembrado (Gálatas 6:7). Él recompensa a cada persona conforme a lo que ha hecho (Mateo 16:27; Apocalipsis 2:23). Por eso, ha preparado diversas moradas conforme a la medida de fe de cada uno.

En Romanos 12:3 se observa: *"Digo, pues, por la gracia que me es dada, a cada cual que está entre vosotros, que no tenga más alto concepto de sí que el que debe tener, sino que piense de sí con cordura, conforme a la medida de fe que Dios repartió a cada uno"*. Por lo tanto, debe saber que la morada y la gloria de cada persona en el Cielo serán diferentes de acuerdo a su medida de fe.

Dependiendo del grado en que refleje el corazón de Dios, se determinará su morada en el Cielo. El lugar de su morada eterna en el Cielo se decidirá conforme a la medida en que, como ser espiritual, haya logrado llenar su corazón con las cosas celestiales.

Por ejemplo, digamos que un niño y un adulto están compitiendo en una actividad deportiva o están conversando. El mundo del niño y del adulto son tan diferentes que muy pronto el niño se aburrirá de estar con el adulto. Para los niños, su forma de pensar, el lenguaje y sus acciones, al igual que su comportamiento, son muy diferentes a los del adulto. Es divertido y entretenido cuando los niños juegan con niños, los jóvenes con jóvenes y los adultos con adultos.

Espiritualmente es lo mismo. Dado que el espíritu de cada uno es diferente, el Dios de amor y de justicia ha dividido las moradas en el Cielo de acuerdo a la medida de fe, a fin de que Sus hijos sean plenamente felices.

El Señor viene luego de preparar las moradas celestiales

En Juan 14:3, el Señor nos promete que regresará y nos llevará consigo al reino de los cielos luego de terminar de preparar las moradas en el Cielo.

Suponga que hay un hombre que una vez recibió la gracia de Dios y debido a su fidelidad obtuvo muchas recompensas en el Cielo. Pero si este hombre volviese a sus sendas antiguas en el mundo, perdería su salvación, terminaría en el Infierno y sus recompensas celestiales no tendrían ningún valor. Incluso si no va al Infierno, sus recompensas no tendrían valor alguno.

Si decepciona a Dios deshonrándolo, aunque le haya sido fiel, o si retrocede un nivel o permanece en el mismo nivel en su vida cristiana sabiendo que debe progresar, su recompensa disminuirá.

No obstante, el Señor recordará todo lo que ha trabajado y ha procurado hacer siendo fiel al Reino de Dios. Asimismo, si santifica su corazón circuncidándolo en el Espíritu Santo, estará con el Señor cuando regrese y será bendecido permaneciendo en el Cielo en un lugar tan resplandeciente como el sol.

Ya que el Señor desea que todos los hijos de Dios sean perfectos, dijo: *"... y os prepararé lugar, vendré otra vez y os tomaré a mí mismo, para que donde yo estoy, vosotros también estéis"*. Jesús desea que usted se limpie tanto como el Señor, tomando firmemente esta Palabra de Esperanza.

Cuando Jesús cumpla totalmente la voluntad de Dios y lo glorifique grandemente, Dios glorificará a Jesús y le dará un nuevo nombre: 'Rey de Reyes, Señor de Señores'. De la misma forma, mientras más glorifique a Dios en este mundo, Él lo glorificará en el Cielo. En la medida en que se asemeje más a Dios y sea amado por Dios, vivirá más cerca del Trono de Dios en el Cielo.

Las moradas en el Cielo están esperando a sus dueños, los hijos de Dios, exactamente como las novias están preparadas para recibir a sus novios. Por eso el Apóstol Juan escribe en Apocalipsis 21:2: *"Y yo Juan vi la santa ciudad, la nueva Jerusalén, descender del cielo, de Dios, dispuesta como una esposa ataviada para su marido"*.

Ni siquiera las mejores atenciones que puede recibir una hermosa novia en este mundo, se pueden comparar con el bienestar, la comodidad y la felicidad de las moradas en el Cielo. Las moradas en el Cielo tienen de todo y proveen de todo tan solo leyendo la mente de sus dueños para que siempre vivan en la mayor felicidad.

Proverbios 17:3 declara: *"El crisol para la plata, y la hornaza para el oro; pero Jehová prueba los corazones"*. Los bendigo en el nombre del Señor y espero que lleguen a comprender que Dios refina a las personas para hacer de ellas verdaderos hijos, para que se santifiquen con la esperanza en la Nueva Jerusalén y para que avancen decididamente hacia el mejor lugar en el Cielo, siendo fiel en toda la casa de Dios.

ᦥ Capítulo 5 ᦧ

¿Cómo viviremos en el Cielo?

"Y hay cuerpos celestiales, y cuerpos terrenales; pero una es la gloria de los celestiales, y otra la de los terrenales. Una es la gloria del sol, otra la gloria de la luna, y otra la gloria de las estrellas, pues una estrella es diferente de otra en gloria".

- 1 Corintios 15:40-41

La felicidad en el cielo no se puede comparar ni con las mejores y más agradables cosas en este mundo. Incluso si usted y sus seres queridos disfrutan de un día agradable en la playa observando el horizonte, esta clase de felicidad es solo momentánea y no es verdadera. En algún rincón de su mente, habrá todavía preocupaciones que tendrá que enfrentar luego de retornar a su vida cotidiana. Si lleva esta clase de vida por uno o dos meses, o por un año, pronto se llegará a aburrir y comenzará a buscar algo nuevo.

Sin embargo, la vida en el Cielo, donde todo es tan resplandeciente y hermoso como el cristal, es una constante felicidad porque todo es continuamente nuevo, novedoso y agradable. Puede pasar momentos amenos y gratos con Dios

Padre y con el Señor, o puede disfrutar tanto como desee de sus pasatiempos o hobbies, de sus juegos favoritos y de cualquier otra actividad. Veamos cómo vivirán los hijos de Dios cuando vayan al Cielo.

Un estilo de vida sobrenatural en el Cielo

Mientras su cuerpo físico cambia a un cuerpo espiritual que consiste de espíritu, alma y cuerpo, en el Cielo podrá reconocer a su esposa, esposo, hijos y padres terrenales. También reconocerá a su pastor o a su rebaño. E igualmente recordará lo que ha sido dejado u olvidado en este mundo. Será muy sabio porque podrá discernir y entender la voluntad de Dios.

Algunos podrán preguntarse: "¿Serán expuestos y revelados todos mis pecados en el Cielo?". Esto no será así. Si ya se ha arrepentido, Dios no recordará sus pecados que estarán tan lejos como el este del oeste (Salmo 103:12), sino solo recordará sus buenas acciones u obras porque al llegar al Cielo todos sus pecados habrán sido perdonados.

¿Cómo se transformará y vivirá cuando vaya al Cielo?

El Cuerpo Celestial

En este mundo los seres humanos y los animales tienen sus propias formas para que todo ser viviente sea reconocido, ya sea un elefante, un león, un águila o un ser humano.

Así como cada cuerpo tiene su propia figura en este mundo

tridimensional, en el Cielo, que tiene cuatro dimensiones, hay un cuerpo único. Este es el cuerpo celestial. En el Cielo se le reconocerá a cada uno por esto. ¿Qué apariencia tendrá el cuerpo espiritual?

Cuando el Señor regrese en el aire, cada uno se transformará en un cuerpo resucitado que es el cuerpo espiritual. Luego del Gran Juicio, este cuerpo resucitado se transformará en el cuerpo celestial, que está en un nivel superior. De acuerdo con las recompensas y galardones de cada uno, la luz de gloria que irradia este cuerpo espiritual será diferente.

El cuerpo espiritual tiene huesos y carne como el cuerpo que Jesús tenía después de Su resurrección (Juan 20:27). Pero es un cuerpo nuevo que consta de espíritu, alma y cuerpo imperecederos. Nuestro cuerpo perecible está transformándose en un nuevo cuerpo por la Palabra y el poder de Dios.

El cuerpo celestial, que se compone de huesos y de carne imperecederos, resplandecerá porque será renovado, limpio y puro. Aunque a alguien le falte un brazo o una pierna o si es discapacitado, el cuerpo celestial se reconstituirá en un cuerpo perfecto.

El cuerpo celestial no es algo tenue ni imperceptible como una sombra sino tiene una forma clara y precisa y no está sujeto al tiempo ni restringido al espacio. Por eso, cuando Jesús apareció ante los discípulos luego de Su resurrección, pudo atravesar fácilmente los muros y paredes (Juan 20:26).

Conforme vaya envejeciendo en este mundo, el cuerpo tendrá arrugas y se desgastará. Pero el cuerpo celestial se renovará en un cuerpo imperecedero y así siempre mantendrá una juventud y un resplandor como el del sol.

La edad de 33 años

Muchos se preguntan de qué tamaño será el cuerpo celestial: si será como el de un adulto o pequeño como el de un niño. En el Cielo, todos, sea que hayan muerto jóvenes o ancianos, tendrán eternamente la edad de treinta y tres años, la edad de Jesús cuando fue crucificado.

¿Por qué Dios establece eternamente en el Cielo la edad de treinta y tres años?

Así como el sol es más brillante al atardecer, el punto más alto de la vida de uno es alrededor de los treinta y tres años de edad.

Aquellos menores de treinta años tal vez sean inexpertos e inmaduros y los que tienen más de 40 años han perdido su energía con el paso de los años. No obstante, es alrededor de los treinta y tres años de edad cuando las personas son maduras y más hermosas en todos sus aspectos. Además, a esa edad la mayoría se casan, procrean y crían hijos y, de esa forma pueden entender, en alguna medida, el corazón de Dios que educa y cultiva en este mundo a los seres humanos.

De esta forma, Dios lo transforma en un cuerpo celestial para que en el Cielo siempre tenga la plenitud de los treinta y tres años, la edad más hermosa de los seres humanos.

No hay relación biológica

¡Cuán cómico sería si viviera siempre en el Cielo con la

apariencia física que tenía en este mundo! Digamos que un hombre muere a la edad de 40 años y va al Cielo. Su hijo va al Cielo a la edad de 50 años y su nieto fallece a la edad de 90 años y también va al Cielo. Cuando todos ellos se reúnan en el Cielo, el nieto sería el de más edad y el abuelo el más joven.

Por eso, en el Cielo donde Dios gobierna con justicia y amor, todos tendrán treinta y tres años, y la relación física o biológica de este mundo no se aplicará.

Nadie llamará a otro 'padre', 'madre', 'hijo' o 'hija', aunque hayan sido padres o hijos en la Tierra. Esto se debe a que todos serán hermanos y hermanas, como hijos de Dios. Ya que sabrán que han sido padres e hijos en este mundo y se amaban mucho, podrán amarse de una forma más especial.

¿Qué sucedería, sin embargo, si la madre fuese al Segundo Reino del Cielo y su hijo a la Nueva Jerusalén? En este mundo, el hijo debe servir a la madre. En el Cielo, no obstante, la madre se inclinará ante su hijo, que se asemeja más a Dios Padre y la luz que sale de su cuerpo celestial será más brillante que la suya propia.

Por eso, en el Cielo uno no se dirige a los demás por sus nombres ni los títulos que tenían en este mundo, sino que Dios da a cada uno un nombre nuevo y propio que tiene un significado espiritual. Incluso en la Tierra, Dios cambió el nombre de Abran a Abraham, de Saraí a Sara y de Jacob a Israel, que significa 'el que peleó con Dios y lo venció'.

Diferencia entre el hombre y la mujer en el Cielo

En el Cielo no existe el matrimonio pero sí existe una clara diferencia entre el hombre y la mujer. Primeramente, los hombres tienen una estatura de 180 cm. y las mujeres son más pequeñas, miden 170 cm.

Algunos se preocupan mucho por su estatura, si son muy bajos o muy altos, pero en el Cielo no tendrán qué inquietarse por eso. Además, no hay necesidad de incomodarse por el peso, porque todos tendrán la figura ideal.

Un cuerpo espiritual no tiene ningún peso, aunque parezca tenerlo, de forma que incluso si uno camina por encima de las flores, estás no se dañarán. No piense que, por no pesar, el viento se lo podrá llevar. Tendrá cierto peso y será estable, aunque no lo podrá sentir; es decir, que el cuerpo solamente tendrá forma y apariencia. Es como una hoja de papel; no siente ningún peso al levantarla, pero sabe que pesa algo.

El cabello será rubio y un poco ondulado. El cabello de los hombres llegará hasta debajo del cuello, pero el largo del cabello de las mujeres se diferenciará entre una y otra. El que una mujer tenga cabello largo, significará que ha recibido grandes recompensas. El cabello más largo llegará hasta la cintura. Por lo tanto, es una enorme gloria y dicha para las mujeres tener el cabello largo (1 Corintios 11:15).

En este mundo, la mayoría de las mujeres desean y tratan de tener su piel blanca y suave. Se aplican productos cosméticos para mantener su piel tersa, suave y sin ninguna arruga. En el Cielo, todos tendrán una piel sin ninguna mancha, muy blanca, clara y limpia, resplandeciente por la luz de gloria.

Más aún, debido a que en el Cielo no hay maldad alguna, no hay necesidad de usar maquillaje ni de preocuparse de la apariencia exterior, porque todo se ve hermoso. La luz de gloria que sale del cuerpo espiritual resplandecerá más blanca, clara y brillante de acuerdo a la medida en que cada uno se haya santificado y haya reflejado más el corazón del Señor. Este criterio es el que, además, decide y mantiene el orden.

El corazón de las personas celestiales

Las personas con cuerpos celestiales tienen el corazón de espíritu que tiene la naturaleza divina y no tiene ninguna maldad. Así como las personas en la Tierra desean tener y tocar lo que es bueno y hermoso, también el corazón de las personas con cuerpos celestiales deseará sentir la belleza de otros, mirarlos y tocarlos con agrado. No obstante, no hay codicia ni maldad alguna en ello.

Además, en este mundo la gente cambia de acuerdo a su propio beneficio, y se aburren de las cosas aunque sean buenas y bonitas. El corazón de las personas con cuerpos celestiales nunca disimula, ni cambia.

Por ejemplo, en este mundo, aunque las personas son pobres, pueden comer con mucho gusto y agrado el alimento más barato y de más baja calidad. Si tuvieran mejores ingresos, no estarían satisfechos con lo que antes consideraban delicioso y buscarían mejor alimento. Si le compra a un niño un juguete nuevo, al principio se pondrá muy feliz, pero luego de algunos días no le prestará más atención o lo dejará de lado y buscará uno nuevo. En el Cielo, sin embargo, no hay esa mentalidad, y si algo es de agrado una vez, le seguirá gustando siempre y, en el mundo espiritual, todo se rige por esta ley.

La vestimenta en el Cielo

Algunos pueden pensar que la vestimenta en el Cielo será la misma, pero no es así. Dios es el Creador y el Juez Justo que nos retribuye conforme a lo que hemos hecho. Por eso, al igual que sus recompensas son diferentes en el Cielo, la ropa y la vestimenta será también diferente de acuerdo a sus acciones y hechos en la Tierra (Apocalipsis 22:12). Entonces, ¿qué clase de ropa tendrá en el Cielo y cómo la adornará?

Vestimentas celestiales de diferentes colores y diseños

En el Cielo, todos usan ropas brillantes, blancas y resplandecientes. Son tan suaves como la seda y tan ligeras que parecen no tener peso alguno, y flotan hermosamente.

Ya que el nivel de santificación de cada uno es diferente, las luces, el resplandor y brillo que salen de los trajes también son diferentes. Mientras más se asemeje al corazón santo de Dios, sus vestidos brillarán con mayor fulgor y resplandor.

Además, dependiendo de lo mucho que haya trabajado por el Reino de Dios y lo haya glorificado, le serán otorgadas diversas clases de vestimenta de diferentes diseños y materiales.

En este mundo las personas usan diferente clase de ropa de acuerdo a su condición social y económica. Igualmente en el Cielo, mientras más alta sea su posición, usará vestimentas con más colores y diseños. También el corte del cabello y los accesorios serán diferentes.

Años atrás se reconocía la clase social de las personas tan solo observando el color de sus trajes. De la misma forma, aun en el Cielo, los seres celestiales podrán reconocer la posición de cada uno y la magnitud e importancia de las recompensas concedidas. El hecho de llevar ropa de colores y diseños específicos diferentes significa que ha recibido mayor gloria.

Por eso, los que han entrado a la Nueva Jerusalén y han contribuido mucho para el Reino de Dios, recibirán las vestimentas más hermosas, coloridas y resplandecientes.

Por una parte, si no ha hecho mucho por el Reino de Dios, en el Cielo recibirá solo pocas indumentarias. Por otra parte, si ha trabajado mucho con fe y amor, podrá recibir innumerables trajes de muchos colores y diseños.

Las vestimentas celestiales con diferentes adornos

Dios dará trajes con diferentes adornos para mostrar la gloria de cada uno. Al igual que la familia real en el pasado exteriorizaba su posición colocando adornos especiales en su vestimenta, en el Cielo las vestiduras con diferentes adornos mostrarán la posición celestial y esplendor de cada uno.

En el Cielo hay adornos de gratitud, alabanza, oración, gozo, gloria y así sucesivamente, que pueden ser adheridos a las vestimentas. Cuando en este mundo canta alabanzas con una actitud de agradecimiento por el amor y la gracia de Dios Padre y del Señor, o cuando canta para glorificar a Dios y Él recibe su corazón como aroma grato y hermoso, Dios pondrá en el Cielo, en sus vestimentas, el adorno de alabanza.

Los adornos de gozo y gratitud serán bellamente colocados en las personas que han tenido en sus corazones verdadero gozo y agradecimiento al recordar la gracia de Dios quien les dio vida eterna y el reino de los cielos incluso durante las pruebas y momentos de tristeza en la Tierra.

El adorno de oración será puesto en aquellos que han orado con su vida por el Reino de Dios. Entre todos estos, sin embargo, el adorno más bello es el de gloria. Es el más difícil de obtener. Solo es dado a los que hicieron todo para la gloria de Dios. Precisamente como un rey o un presidente recompensa o condecora con una medalla especial o medallas honoríficas a un soldado que prestó servicios distinguidos, esta condecoración de gloria es otorgada especialmente a aquellos que trabajaron arduamente por el Reino de Dios y dieron gran gloria a Dios. Por eso, aquél que lleva en sus ropas la condecoración de gloria es uno de los más notables y nobles entre todos en el reino de los cielos.

Las recompensas de coronas y piedras preciosas

Hay incontables piedras preciosas en el Cielo, pero algunas de estas joyas son otorgadas como premios y recompensas y son colocadas en las vestimentas. En el libro de Apocalipsis se lee que el Señor está llevando una corona de oro y una banda o cordón alrededor de Su pecho, y éstas son también recompensas dadas por Dios.

La Biblia menciona muchos tipos de coronas. Las normas y pautas para recibir las coronas, y los valores de las mismas, son diferentes debido a que son otorgadas como recompensas y galardones.

Hay muchas clases de coronas otorgadas conforme a los hechos de cada uno, tales como la corona imperecedera, dada a los que compiten de acuerdo a las reglas (1 Corintios 9:25), la corona de gloria dada a los que glorificaron a Dios (1 Pedro 5:4), la corona de vida otorgada a aquellos que fueron fieles hasta la muerte (Santiago 1:12; Apocalipsis 2:10), la corona de oro que los 24 ancianos ponen alrededor del Trono de Dios (Apocalipsis 4:4, 14:14), y la corona de justicia, la cual anhelaba el Apóstol Pablo (2 Timoteo 4:8).

Además hay coronas de muchas formas que están decoradas con piedras preciosas, tales como la corona de oro, la corona de flores, la corona de perlas, etc. Por el tipo y la clase de corona que se recibe, se podrá reconocer su santidad y recompensas.

En este mundo cualquiera que tenga dinero puede comprar joyas, pero en el Cielo solo se puede obtener piedras preciosas cuando les son otorgadas como premio o recompensa. Hechos tales como el número de personas que guió a la salvación, la cantidad de ofrendas que ha ofrecido de corazón a Dios y el grado de su fidelidad, determinan los diversos tipos de recompensas que serán otorgados. Por eso, las piedras preciosas y coronas deben ser diferentes porque se otorgan de acuerdo a las acciones de cada uno en este mundo. Asimismo la luz, la hermosura, la gloria, el resplandor y el número de piedras preciosas y coronas son igualmente diferentes.

Sucede lo mismo con las moradas y las casas en el Cielo. Las moradas difieren de acuerdo a la fe de uno; el tamaño, la belleza, el resplandor del oro y de las piedras preciosas de cada morada, serán todas diferentes. Hablaremos más de estas cosas referidas a las moradas en el Cielo a partir del sexto capítulo.

El alimento en el Cielo

Cuando el primer hombre, Adán, y Eva vivían en el Huerto del Edén, comían solamente frutas y toda planta que daba semillas (Génesis 1:29). No obstante, cuando fueron expulsados del Huerto del Edén debido a su desobediencia, comieron toda planta del campo. Después del diluvio, el hombre comenzó a comer carne. De esta forma, en la medida en que la maldad del hombre fue creciendo, consecuentemente el tipo de alimento que ingería también cambió.

¿Qué es lo que se comerá entonces en el Cielo donde no hay maldad? Algunos podrían preguntarse si el cuerpo celestial también tiene necesidad de comer. En el Cielo, podrá beber del Agua de Vida y comer u oler con gozo muchas clases de frutas.

El aroma y la respiración de los cuerpos celestiales

Los cuerpos celestiales en el Cielo respiran de la misma

manera que los seres humanos en este mundo. Por supuesto, el cuerpo celestial no tiene necesidad de respirar, pero puede descansar mientras respira, de la forma que usted respira en este mundo. Se podrá respirar no solo a través de la nariz y de la boca sino también por sus ojos o por todas las células de su cuerpo, o incluso por su corazón.

Dios también percibe el aroma de nuestros corazones porque es Espíritu. Por eso, en el Antiguo Testamento, Dios se complacía con los sacrificios hechos por hombres justos y percibía su aroma (Génesis 8:21). En el Nuevo Testamento, el puro e inmaculado Jesús, se dio a Sí Mismo en aroma agradable y acepto para Dios (Efesios 5:2).

Por eso Dios recibe el aroma de su corazón cuando ora, adora, o le canta alabanzas con un corazón sincero. Mientras más se asemeje al Señor y llegue a ser justo, su corazón será como el aroma de Cristo y será recibido por Dios como precioso y grato olor. Dios recibe sus alabanzas y oraciones con agrado por medio de su fragancia.

En Mateo 26:29 vemos que el Señor siempre está orando por usted desde que ascendió a los Cielos, sin haber probado nada en los últimos dos mil años. De la misma forma, en el Cielo, el cuerpo celestial podrá subsistir sin comer y aun sin respirar. Usted mismo vivirá eternamente cuando vaya al Cielo porque se transformará en un cuerpo espiritual que jamás perecerá.

Cuando el cuerpo espiritual percibe un olor, puede sentir gozo y felicidad, y el espíritu se rejuvenece y renueva a través de estos aromas. Al igual que cuando se hace una dieta balanceada para mantener la salud, los cuerpos espirituales gozan en el Cielo percibiendo olores.

De esta forma, el cuerpo espiritual percibe a través del aliento el aroma de las diferentes clases de flores y frutas. Incluso si percibe el mismo aroma repetidas veces, sentirá la misma felicidad y satisfacción.

Además, cuando un cuerpo espiritual percibe la agradable fragancia de las flores y frutas, el aroma se impregna dentro del cuerpo como un perfume. El cuerpo despide este aroma hasta que desaparece por completo. Al igual que cuando uno se pone un perfume, el cuerpo espiritual se siente más feliz al distinguir fragancias debido a su bello aroma.

Eliminación de alimentos a través del aliento

¿Cómo comerán y vivirán las personas en el Cielo? En la Biblia se aprecia que el Señor aparece ante Sus discípulos luego de Su resurrección y sopla (Juan 20:22) o ingiere algún alimento (Juan 21:12-15). La razón por la que el Señor resucitado ingirió alimento no fue porque estuviera hambriento, sino para compartir un momento agradable con los discípulos y hacer saber que también usted con su cuerpo espiritual comerá en el Cielo. Por eso, la Biblia registra el hecho de que Jesucristo, luego de Su resurrección, desayunó pan y pescado.

Entonces, ¿porque dice la Biblia que el Señor sopló luego de haber resucitado? Cuando se come en el Cielo, el alimento se disuelve inmediatamente y se desecha a través del aliento. En el Cielo el alimento se desintegra en un instante y deja el cuerpo por medio del aliento. Por tanto, no hay necesidad de excretar ni tampoco son necesarios los inodoros. ¡Qué maravilloso y cómodo es que el alimento ingerido sea eliminado por medio del aliento y se disuelva como perfume!

El transporte en el Cielo

A través de la historia de la humanidad, a medida que la civilización y la ciencia avanzaron, se inventaron igualmente medios de transporte más rápidos y cómodos como carretas, carros, automóviles, barcos, trenes, aviones y más.

Del mismo modo, en el Cielo hay muchos medios de transporte. Hay un sistema de transporte público semejante al tren y otros medios privados, como los carruajes dorados y los automóviles tipo nubes.

En el Cielo, el cuerpo celestial puede trasladarse muy rápido o incluso volar, porque trasciende el espacio y el tiempo, pero es más divertido y agradable usar el transporte otorgado como recompensa.

El desplazamiento y el transporte en el Cielo

¡Cuán feliz sería usted si pudiera viajar por todo el Cielo y ver las bellas y maravillosas cosas que Dios ha hecho!

Cada lugar del Cielo posee una belleza singular y única que merece ser disfrutada plenamente. Sin embargo, debido a que el corazón del ser celestial no cambia jamás, nunca llegará a aburrirse o cansarse de visitar una y otra vez el mismo lugar. Así

117

que viajar en el Cielo es algo siempre divertido e interesante.

En realidad, el cuerpo celestial no necesita usar ningún medio de transporte, ya que jamás se cansa y puede incluso volar. No obstante, el uso de diversos tipos de vehículos hace que todo sea más cómodo. Es como viajar en un ómnibus, que es más cómodo que caminar, o tomar un taxi o conducir un automóvil, que es más cómodo que ir en ómnibus o en el tren subterráneo en este mundo.

Así que, si toma el tren en el Cielo, que está decorado con piedras preciosas de muchos colores, puede ir a su destino incluso si no hay riel, y se puede desplazar tanto a la derecha como a la izquierda, o incluso hacia arriba o hacia abajo.

Cuando los residentes del Paraíso van a la Nueva Jerusalén, toman el tren del Cielo porque los dos lugares están bastante distantes el uno del otro. Esto es muy emocionante para los pasajeros. Mientras vuelan en medio de luces brillantes, pueden ver a través de las ventanas hermosos paisajes del Cielo. Y se sienten aún más felices con tan solo pensar que verán a Dios Padre.

Entre los medios de transporte en el Cielo, está el carruaje dorado que una persona en particular conduce en la Nueva Jerusalén, cuando va alrededor del Cielo. Tiene alas blancas y hay un botón en su interior. Con este botón se moverá en forma totalmente automática y se podrá desplazar o incluso volar conforme lo desee.

Automóvil tipo nube

Las nubes en el Cielo son como decoraciones que se suman a

su belleza. Así, cuando el cuerpo espiritual se desplaza rodeado de nubes a algún lugar, brilla más que si lo hiciera sin las nubes. Asimismo, hace que otros perciban y reverencien la dignidad, gloria y autoridad del cuerpo espiritual coronado de nubes.

La Biblia dice que el Señor vendrá rodeado de nubes (1 Tesalonicenses 4:16-17), y es porque al descender del Cielo rodeado de nubes de gloria es mucho más majestuoso, digno y hermoso que venir en el aire sin nada que lo rodee. De la misma forma las nubes en el Cielo existen para añadir gloria a los hijos de Dios.

Si está calificado y llamado para entrar a la Nueva Jerusalén, podrá gozar de la nube más maravillosa en forma de automóvil. No es una nube formada de vapor como en este mundo, sino que está hecha de la nube de gloria en el Cielo.

Este automóvil tipo nube demuestra la gloria, dignidad, y autoridad de su propietario. Sin embargo, no todos podrán poseer uno, porque solamente se le otorga a los que entran a la Nueva Jerusalén por haberse santificado completamente y por ser fieles en toda la casa de Dios.

Aquellos que entran a la Nueva Jerusalén podrán ir con el Señor a cualquier lugar en el Cielo conduciendo este automóvil tipo nube. Durante el trayecto, las huestes celestiales y los ángeles los escoltarán y servirán. Es como cuando un rey o un príncipe viaja y sus ministros le sirven. Por eso, el ser escoltados por huestes celestiales y ángeles muestra la autoridad y la gloria del propietario.

Los automóviles tipo nubes son conducidos usualmente por ángeles. Hay algunos de un solo asiento para uso personal o privado, o de varios asientos en los que varias personas pueden viajar juntas. Cuando una persona en la nueva Jerusalén juega al golf y se desplaza alrededor del campo, un automóvil tipo nube viene y se detiene al pie de su dueño. Cuando entra en él, al instante el vehículo se desplaza muy suavemente hacia la bola.

Imagínese que está volando en el Cielo, viajando en un automóvil tipo nube mientras lo escoltan las huestes celestiales y los ángeles en la Nueva Jerusalén. Imagínese, además, que está conduciendo un automóvil tipo nube con el Señor, o que está viajando en el tren celestial con sus seres más queridos por el vasto e inmenso Cielo. ¡Seguramente se sentirá abrumado de gozo!

Entretenimiento en el Cielo

Algunos tal vez piensen que no es muy divertido vivir como cuerpo espiritual. Pero esto no es así. En el mundo físico, usted se cansa o lo que hace no lo divierte completamente. No obstante, en el mundo espiritual la 'diversión' siempre lo hace sentir nuevo y vivificado.

Incluso en este mundo, mientras más alcance el espíritu completo, podrá experimentar y sentir un amor más profundo y mayor felicidad. En el Cielo podrá disfrutar no solo de su pasatiempo favorito, sino también de muchas otras clases de entretenimiento que son incomparablemente más agradables que cualquier otra forma de diversión en este mundo.

Disfrutar de los juegos y pasatiempos

Así como las personas en este mundo desarrollan sus talentos y hacen que sus vidas sean más plenas y abundantes por medio de sus pasatiempos, igualmente en el Cielo podrán disfrutar de entretenimiento y diversión. Podrán gozar, tanto como quieran, no solo de lo que les agradaba en la Tierra, sino también de las cosas de las que tuvieron que abstenerse por servir en la obra de Dios. También podrán aprender nuevas distracciones.

Aquellos que tienen afición por los instrumentos musicales podrán alabar a Dios tocando el arpa. O podrán aprender a tocar el piano, la flauta y muchos otros instrumentos, y lo harán rápidamente porque en el Cielo todos serán mucho más sabios.

También podrán conversar con la naturaleza y con los animales celestiales para mayor gozo suyo. Incluso las plantas y los animales reconocerán a los hijos de Dios, les darán la bienvenida y expresarán su amor y respeto.

Más aún, podrán disfrutar de muchos deportes tales como tenis, baloncesto, bolos, golf y parapente. Sin embargo, algunos deportes como el boxeo o la lucha libre no estarán permitidos porque causan daño a los demás. Las instalaciones y equipos no son peligrosos en lo absoluto porque están hechos de un excelente material y están decorados con oro y piedras preciosas para dar mayor alegría mientras se disfruta del deporte.

También los equipos de deporte reconocen los corazones de las personas y los complacen más. Por ejemplo: si les gusta practicar bolos, estos cambiarán de colores y se ubicarán en la posición que más les agrade. Los bolos, al caer, lo hacen con hermosas luces y alegres sonidos. Si desean perder ante su compañero, los bolos se mueven de acuerdo a su deseo para hacerlo más feliz.

En el Cielo no existe la maldad de ganar o derrotar a alguien en el juego. Se gana el juego complaciendo y mostrando más gracia y favor a los demás. Algunos podrían preguntarse el sentido de un juego en el que no hay ganador ni perdedor. Pero en el Cielo uno no disfruta al ganarle a alguien. Jugar, en sí mismo, es un gozo.

Por supuesto, hay algunos juegos en los que se disfruta una buena y justa competencia. Por ejemplo, hay un juego en el que se gana de acuerdo a la capacidad que tenga para aspirar la fragancia de las flores y cómo se logre combinarlas para exhalar el mejor aroma. Como éste, hay otros juegos parecidos.

Diversas clases de distracciones

Quienes gustan de los juegos se preguntan si en el Cielo hay algo parecido a una galería de juegos. ¡Por supuesto que sí! Hay muchos juegos que son mucho más entretenidos que los que hay en la Tierra.

Los juegos en el Cielo, a diferencia de los que hay en la Tierra, nunca lo cansan ni dañan su vista. Jamás se cansará de ellos. Más bien lo hacen rejuvenecer y le dan paz. Cuando gana o consigue el mejor puntaje, siente un inmenso gozo y nunca pierde el interés.

Las personas en el Cielo tienen cuerpos celestiales, por lo tanto nunca tendrán temor de caerse al subir a los juegos de los parques de diversiones como la montaña rusa. Solo experimentarán emoción y diversión. Por eso, incluso aquellos que aquí en la Tierra tienen temor a la altura, en el Cielo podrán disfrutar de aquellas diversiones tanto como lo deseen.

Aunque caigan de la montaña rusa, no se harán daño porque tienen un cuerpo celestial. Caerán con mucha seguridad y sin peligro alguno, como un maestro de artes marciales, o los ángeles los protegerán. Así que, imagínese subiendo a la montaña rusa, gozándose con el Señor y con todos sus seres amados. ¡Qué feliz y agradable será!

Adoración, educación y cultura en el Cielo

En el Cielo no hay necesidad de trabajar para alimentarse, vestirse ni tener alojamiento. Por eso, algunos pueden preguntarse: "¿Qué es lo que vamos hacer en el Cielo? ¿Estaremos eternamente ociosos?" No obstante, no hay nada por qué preocuparse.

En el Cielo habrá infinidad de cosas de las que podrá disfrutar. Hay diversas clases de interesantes y emocionantes actividades, como juegos, cultos de adoración, recitales, deportes, viajes, etc.

Sin embargo, no se le pide ni se le obliga a que participe en estas actividades. Todo se hace en forma voluntaria y con gozo porque todo le da una dicha plena y abundante.

Adorar con gozo ante Dios el Creador

Así como usted asiste en la Tierra a los cultos y adora a Dios a una hora y en un día determinado, en el Cielo también adorará a Dios en una hora y en un momento específico. Por supuesto, Dios es el que predica el mensaje (Isaías 54:13) y por medio de Sus mensajes, aprende de Dios y del reino espiritual que no tiene fin (Juan 6:45).

Generalmente aquellos que sobresalen en sus estudios buscan y anhelan asistir a clases y ver y estar con su maestro. Incluso en la vida de fe, los que aman a Dios y lo adoran en espíritu y en verdad ansían asistir a los cultos de adoración y escuchar la voz del pastor que predica la palabra de vida.

Cuando vaya al Cielo, tendrá el gozo y la felicidad de adorar a Dios y oír Su Palabra. Podrá escuchar la Palabra de Dios en los cultos, conversar con Dios o escuchar la Palabra del Señor. Además, habrá un tiempo de oración. Sin embargo, no necesitará arrodillarse y orar con sus ojos cerrados como lo hace aquí en la Tierra. Este será el momento para hablar con Dios. Las oraciones en el Cielo son conversaciones con Dios Padre, el Señor, el Espíritu Santo. ¡Qué felices y gratos serán esos momentos!

También podrá alabar al Señor como lo hace en este mundo. No obstante, no lo hará en ningún idioma de la Tierra, sino alabará a Dios con cánticos nuevos. Aquellos que han pasado juntos por pruebas o los miembros de una misma iglesia en este mundo se reunirán junto con su pastor para adorar y tener un tiempo de compañerismo y comunión.

¿Cómo se adorará al mismo tiempo y todos juntos en el Cielo, especialmente si las moradas y casas están ubicadas en diferentes lugares? En el Cielo, las luces de los cuerpos celestiales son distintas en cada morada y por eso, para ir a otros lugares de mayor nivel, se deberán prestar las vestimentas adecuadas. Por lo tanto, para asistir a los cultos de adoración que tendrán lugar en la Nueva Jerusalén, que está cubierta con la luz de gloria, todos los que vengan de otros lugares deberán llevar la vestimenta apropiada que usan los residentes de allí.

Al igual que en este mundo se puede ver el mismo servicio a través de satélites, se podrá hacer lo mismo en el Cielo. Podrá asistir y observar el culto que se efectúa en la Nueva Jerusalén desde cualquier parte del Cielo. Pero la pantalla será tan natural que se sentirá como si estuviera presente en el servicio.

También podrá invitar a los padres de la fe como Moisés y el Apóstol Pablo y adorar juntos. No obstante, deberá tener la autoridad espiritual pertinente y requerida para invitar a esos personajes.

Aprender acerca de los nuevos y profundos secretos espirituales

Los hijos de Dios aprenden muchas cosas espirituales mientras están siendo cultivados en este mundo, pero lo que aprenden aquí es solo un escalón para ir al Cielo. Luego de entrar al reino de los cielos, empezarán a aprender sobre este nuevo mundo.

Por ejemplo, cuando mueren los que creen en Jesucristo, excepto aquellos que van a la Nueva Jerusalén, los demás permanecen en un área ubicada al extremo del Paraíso y ahí comienzan a aprender de los ángeles las formas, modales, y reglas del Cielo.

Así como la gente en este mundo debe ser educada mientras crece para adaptarse a la sociedad, para vivir en el mundo espiritual deberá aprender, en forma detallada, cómo debe comportarse.

Algunos podrán preguntarse: ¿Por qué se debe estudiar en el Cielo si ya se ha aprendido muchas cosas en la Tierra? Aprender en este mundo es un proceso de entrenamiento espiritual, el real aprendizaje empieza solo luego de entrar al Cielo.

De la misma forma, uno nunca deja de aprender porque el Reino de Dios es ilimitado y eterno. No importa lo mucho que haya aprendido, no podrá aprender todo acerca de Dios, que ha existido desde antes del inicio de los siglos. No podrá conocer totalmente la profundidad de Dios, quien es eterno, y que ha estado gobernando todo el universo y todas las cosas que hay en él.

En consecuencia, se dará cuenta que hay innumerables cosas por aprender si entra al ilimitado reino espiritual, y el aprendizaje espiritual es muy interesante y divertido, a diferencia de algunos estudios en este mundo.

Además de esto, el aprendizaje espiritual nunca es obligatorio y no hay exámenes. No olvidará lo que ha aprendido y así jamás resultará difícil o gravoso. Nunca se aburrirá o estará ocioso en el Cielo. Estará siempre feliz de aprender cosas nuevas.

Las celebraciones, banquetes y actuaciones

Igualmente, en el Cielo hay diferentes clases de celebraciones y exhibiciones. Estas festividades son de una alegría extraordinaria.

Es donde se disfruta de regocijo y júbilo observando la riqueza, belleza, libertad y gloria del Cielo.

Así como la gente en la Tierra se arregla lo más bellamente posible para asistir a exclusivas recepciones y disfrutar de lo mejor, usted podrá gozar y disfrutar de banquetes de un esplendor sobrenatural. Las festividades incluirán hermosas danzas y canciones.

En este mundo hay lugares como el Carnegie Hall en Nueva York o la Opera de Sydney en Australia donde puede disfrutar de diversas representaciones y conciertos. Las actuaciones en el Cielo no son para que uno se enorgullezca, sino solamente para glorificar a Dios, para dar gozo y felicidad al Señor y para compartirlas con los demás.

Los actores son mayormente aquellos que en este mundo glorificaron grandemente a Dios con sus alabanzas, danzas, instrumentos musicales y actuaciones. Algunas veces podrán presentar la misma pieza musical que ejecutaron en la Tierra. O, aquellos que desearon hacer estas cosas pero no lo pudieron hacer debido a las circunstancias, podrán alabar a Dios con cánticos y danzas en el Cielo.

También habrá algo parecido a los cines en los que se proyectarán películas. En el Primer o en el Segundo Reino, generalmente las películas se verán en teatros públicos. En el Tercer Reino y en la Nueva Jerusalén cada residente tendrá su propia sala de proyección en su casa. Podrán ver películas a solas o invitar a sus seres queridos para verlas mientras disfrutan de algunos bocaditos.

En la Biblia el Apóstol Pablo estuvo en el Tercer Cielo, pero no pudo revelárselo a los demás (2 Corintios 12:4). Es muy difícil que la gente entienda cómo es el Cielo porque no es un mundo que se conoce ni se comprende fácilmente. En vez de ello, existe una gran probabilidad de que lo malentiendan.

El Cielo pertenece al reino espiritual. Hay tantas cosas que no se pueden entender o imaginar del Cielo, donde hay plenitud de felicidad y gozo como nunca se podrá experimentar en este mundo.

Dios ha preparado este hermoso Cielo para que usted viva como un príncipe y lo anima por medio de la Biblia para que entre allí.

Lo bendigo en el nombre de Jesucristo para que pueda recibir con gozo al Señor con los requisitos apropiados que son necesarios para ser Su hermosa novia cuando Él venga otra vez.

Capítulo 6

El Paraíso

"Entonces Jesús le dijo: De cierto te digo que hoy estarás conmigo en el Paraíso".

- Lucas 23:43

Todos aquellos que creen en Jesucristo como su Salvador personal y cuyos nombres están escritos en el libro de la vida, podrán disfrutar de la vida eterna en el Cielo. Ya he explicado, sin embargo, que hay pasos o niveles en el crecimiento de la fe, y que las moradas, coronas y recompensas dependerán de la medida de fe de cada uno.

Aquellos que se asemejen más al corazón de Dios vivirán más cerca de Su Trono; mientras más lejos permanezcan del Trono de Dios, menos reflejarán Su corazón. El Paraíso es el lugar más lejano del Trono de Dios, tiene la menor luz de gloria y es el nivel más bajo en el Cielo. No obstante, es incomparablemente más hermoso que este mundo e incluso más hermoso que el Huerto del Edén. ¿Qué clase de lugar es el Paraíso y quienes irán ahí?

La hermosura y felicidad del Paraíso

El área que se encuentra al extremo del Paraíso es usada como lugar de espera hasta el Día del Gran Juicio del Trono Blanco (Apocalipsis 20:11-12). Excepto por aquellos que ya se encuentran en la Nueva Jerusalén porque han alcanzado un corazón conforme al de Dios y colaboran con la obra de Dios, todos los demás, que desde el principio fueron salvos, están esperando en esa área al extremo del Paraíso.

Por eso, el Paraíso es tan grande y amplio que sus áreas circundantes son usadas como lugar de espera para todas esas personas. Aunque este vasto y amplio Paraíso es el nivel más inferior del Cielo, es incomparablemente más hermoso y más feliz que la Tierra, que está bajo la maldición de Dios.

Además, debido a que es un lugar donde entrarán los que son formados y cultivados en la Tierra, hay mayor gozo y felicidad que en el Huerto del Edén donde vivió el primer hombre, Adán.

Ahora, veamos la belleza y felicidad que Dios ha revelado del Paraíso.

Vastas planicies llenas de hermosos animales y plantas

El Paraíso es semejante a una vasta y extensa planicie con hermosos jardines y áreas muy bien arregladas cubiertas de césped. Muchos ángeles cuidan y dan mantenimiento a estos lugares. Los cánticos de las aves son tan claros y puros y hacen eco por todo el Paraíso. Se asemejan mucho a las aves de la Tierra, pero son un poco más grandes y tienen plumas más bellas. Sus cánticos en grupos son realmente maravillosos.

Además, los árboles y las flores de los jardines son primorosos y frescos. En este mundo las flores y los árboles se marchitan y se secan con el tiempo, pero en el Paraíso los árboles se mantienen verdes y las flores nunca se marchitan. Cuando uno se les acerca, las flores sonríen y algunas veces despiden a la distancia su original y única mezcla de esencias y aromas.

Los árboles, frondosos y robustos, dan muchas clases de frutos. Son un poco más grandes que los frutos de este mundo; la cáscara es brillante y se ven deliciosos. No necesitan pelar la cáscara porque no hay polvo ni gusanos. ¡Cuán hermosa y feliz sería esta escena: Gente sentada alrededor de una hermosa llanura conversando, con canastas llenas de apetitosas y deliciosas frutas!

También en esta amplia planicie hay muchos animales. Entre éstos hay leones que se alimentan pacíficamente de hierba. Son mucho más grandes que los leones de la Tierra, pero no son nada agresivos. Son muy cariñosos porque tienen un carácter dulce, apacible y su pelaje es limpio y brillante.

El Río del Agua de Vida fluye calmado y silencioso

El Río del Agua de Vida fluye por todo el Cielo, desde la Nueva Jerusalén hasta el Paraíso y nunca se evapora o contamina. El agua de este río que se origina del Trono de Dios y que todo lo vivifica, representa el corazón de Dios. Constituye la mente transparente y hermosamente brillante, en la que no hay nada turbio ni oscuro, sin mancha, inmaculada y pura. El corazón de

Dios es completo y perfecto en todo.

El Río de Agua de Vida que fluye pausadamente se parece a la chispeante agua de mar en un día soleado que refleja los rayos de sol. Es tan clara y transparente que no se puede comparar con ningún otro tipo de corriente de agua de este mundo. Al mirarla desde la distancia parece azul, como el azul profundo del Mar Mediterráneo o del Océano Atlántico.

A lo largo del camino, a cada lado del Río de Agua de Vida, hay hermosos bancos. Alrededor de estos bancos hay árboles de vida que dan fruto cada mes. Los frutos de este árbol de vida son más grandes que los de la Tierra y tienen un aroma y un gusto tan delicado y exquisito que no se puede describir adecuadamente. Se derriten como el algodón de azúcar, cuando se lo lleva a su boca.

En el Paraíso no se otorgan moradas individuales

Las personas en el Paraíso usan vestimentas blancas cocidas en una sola pieza, pero no llevan adornos como broches en la ropa ni tampoco una corona ni prendedores para el cabello. Esto se debe a que, cuando vivieron en la Tierra, no hicieron nada por el Reino de Dios.

De la misma forma, dado que todos aquellos que van al Paraíso no tienen recompensas, tampoco se les asignan casas personales, coronas, adornos ni ningún ángel para que los sirva. Es solo un lugar para que permanezcan los espíritus que viven en el Paraíso. Viven en el lugar sirviéndose el uno al otro.

Es igual al Huerto del Edén en donde no hay moradas individuales para cada ocupante, pero hay una significativa diferencia en la magnitud de felicidad y gozo entre ambos lugares. Las personas en el Paraíso pueden llamar a Dios 'Abba Padre' porque han aceptado a Jesucristo y han recibido el Espíritu Santo, por lo que sienten una dicha que no se puede comparar con la felicidad del Huerto del Edén.

Por eso, es una grandiosa y preciosa bendición que haya nacido en este mundo, que haya experimentado toda clase de cosas buenas y malas, que haya podido llegar a ser un verdadero hijo de Dios, y que tenga fe.

El Paraíso pleno de felicidad y gozo

La vida en el Paraíso está llena de dicha y de verdadero gozo debido a que no hay maldad y todos buscan primero el beneficio de los demás. Nadie daña a su prójimo sino solo se sirven el uno al otro con amor. ¡Qué vida tan grata y agradable será!

Además, al no tener que preocuparse de cosas como vivienda, vestimenta y alimentación, y por el hecho de que no hay lágrimas, lamentos, enfermedades, dolor ni muerte, será en sí la felicidad misma.

> *"Enjugará Dios toda lágrima de los ojos de ellos; y ya no habrá muerte, ni habrá más llanto, ni clamor, ni dolor; porque las primeras cosas pasaron"* (Apocalipsis 21:4).

También verá que entre los ángeles hay algunos que son jefes, y de igual manera, entre las personas en el Paraíso existen jerarquías, como por ejemplo, representantes y representados. Debido a que las acciones y las obras de fe de cada uno son diferentes, los que tienen relativamente una fe mayor son designados como representantes para dirigir un lugar o un grupo de personas.

Estas personas usan diferente vestimenta que la gente común en el Paraíso y tienen la prioridad en todo. No hay nada injusto, sino que todo es hecho por la justicia de un Dios imparcial que retribuye a cada uno conforme a sus obras.

Y como no hay celos ni envidia en el Cielo, las personas jamás se odian ni se sienten ofendidas cuando otros son elogiados. En vez de ello, se sienten felices y contentos de ver que otros son reconocidos.

Comprenderá entonces que el Paraíso es un lugar incomparablemente más hermoso y feliz que este mundo.

¿Qué clase de personas van al Paraíso?

El Paraíso es un lugar bello, creado por la misericordia y el gran amor de Dios. Es un lugar para los que no están lo suficientemente calificados ni aptos para ser llamados verdaderos hijos de Dios, pero que han conocido a Dios y han creído en Jesucristo y, por lo tanto, no pueden ser enviados al Infierno. ¿Quiénes exactamente van al Paraíso?

Arrepentimiento justo antes de la muerte

El Paraíso es un lugar para aquellos que, al igual que

el criminal que murió crucificado al lado de Jesús, se han arrepentido justo antes de morir y han aceptado a Jesucristo como su Salvador. Si lee Lucas 23:29 en adelante, encontrará que dos criminales fueron crucificados, uno a cada lado de Jesús. Uno de ellos profirió insultos a Jesús. Sin embargo, el segundo reprendió al primero, se arrepintió y aceptó a Jesús como su Salvador.

Entonces, Jesús dijo al criminal arrepentido: *"De cierto te digo que hoy estarás conmigo en el Paraíso"* (Lucas 23:43). Este criminal solamente aceptó a Jesús como su Salvador. No se despojó de sus pecados ni tampoco vivió de acuerdo a la Palabra de Dios. Y como aceptó al Señor justo antes de morir, no tuvo tiempo suficiente para aprender la Palabra de Dios y vivir de acuerdo a ella.

El Paraíso es para los que han aceptado a Jesucristo, pero que no han hecho nada por el Reino de Dios, como el criminal en Lucas 23.

No obstante, si piensa de la siguiente manera: "Aceptaré al Señor justo antes de morir para así poder ir al Paraíso donde la belleza y la felicidad no se pueden comparar con las de este mundo", está completamente equivocado. Dios le concedió la salvación al criminal crucificado al lado de Jesús porque sabía que tenía un buen corazón dispuesto a amar a Dios hasta el final y que, de haber vivido más tiempo, no abandonaría al Señor.

Sin embargo, no todos pueden recibir al Señor justo antes de morir y la fe no puede ser dada en un instante. Por eso, este caso del criminal que fue salvo justo antes de su muerte, no se puede tomar como una regla general.

Además, las personas que reciben esta salvación de última

hora, todavía tienen mucha maldad en sus corazones porque han vivido como han querido. Sin embargo, estarán siempre agradecidas a Dios por el solo hecho de estar en el Paraíso y por disfrutar de la vida eterna en el Cielo al haber aceptado a Jesucristo como su Salvador, aunque no hayan hecho nada con fe en este mundo.

El Paraíso es muy diferente a la Nueva Jerusalén donde está el Trono de Dios. No obstante, el solo hecho de no haber ido al Infierno, sino de ser salvos, hace que estén muy felices y gozosos.

Las personas cuya fe espiritual no crece

En segundo lugar, incluso si las personas han aceptado a Jesucristo y tienen fe, recibirán esta salvación de último momento e irán al Paraíso si no han crecido en su fe. No solo los nuevos creyentes sino también aquellos que han creído por mucho tiempo, tendrán que ir al Paraíso si permanecen en el Primer Nivel de fe.

Cierta vez Dios me permitió oír la confesión de un creyente que había tenido fe por mucho tiempo y que ahora estaba en el lugar de espera del Cielo, al extremo del Paraíso. Había nacido en una familia que no conocía a Dios y que adoraban ídolos, y ya de edad avanzada comenzó a vivir una vida cristiana. No obstante, ya que no tuvo una fe verdadera, aún vivía en los límites del pecado y perdió la vista de un ojo. Se dio cuenta de lo que era la fe verdadera luego de leer mi libro de testimonio *GOZANDO DE LA VIDA FRENTE A LA MUERTE*. Se registró en esta iglesia y luego pasó a la presencia del Señor después de vivir una vida de creyente.

Pude escuchar su confesión llena de gozo por ser salvo e ir al Paraíso después de sufrir en esta vida de muchas penas, dolores y enfermedades.

"Me siento tan libre y soy tan feliz por haber venido aquí arriba, luego de haber abandonado mi cuerpo de carne. No sé por qué traté y procuré tanto de aferrarme a las cosas terrenales. Ninguna valía la pena. Aferrarse a las cosas terrenales no tiene sentido y es tan inútil ahora que he subido aquí luego de haberme despojado de la carne.

En mi vida en la Tierra, hubo momentos de gozo y de agradecimiento, de desilusión, desengaño y desesperación. Aquí, cuando me miro a mí mismo dentro de esta comodidad, bienestar, y felicidad, recuerdo los momentos cuando procuraba aferrarme a una vida sin sentido y de permanecer en esa clase de vida. Pero ahora que me siento tan bien en este cómodo lugar, a mi alma no le falta nada y el hecho de estar en este lugar de salvación me da gran alegría.

Me siento muy bien en este sitio. Estoy tan satisfecho porque me he despojado de mi carne y me siento muy contento por haber venido a esta parte tan apacible y tranquila después de haber tenido una vida tan agotadora en la Tierra. En realidad no sabía que fuera tan bueno dejar el cuerpo, pero ahora estoy tan tranquilo, alegre y gozoso por haberme despojado de la carne y haber venido a este lugar.

No poder ver, ni caminar, ni poder hacer muchas otras cosas fueron para mí todo un reto físico en un momento dado, pero estoy agradecido y alegre luego de haber recibido la vida eterna y de venir aquí, porque siento que puedo estar en este grandioso sitio debido a todas esas cosas.

No estoy en el Primer Reino, ni el Segundo Reino, ni el Tercer Reino, ni en la Nueva Jerusalén, solo estoy en el Paraíso, pero me encuentro muy agradecido y muy contento por estar aquí.

Mi alma está satisfecha.
Mi alma alaba por esto.
Mi alma es feliz.
Mi alma está muy agradecida.

Estoy agradecido y gozoso porque ha terminado para mí una vida miserable y de carencias y he llegado a disfrutar de esta cómoda y dulce vida".

Las personas que retroceden en la fe debido a las pruebas

Por último están las personas que han sido fieles, pero que por diversas razones gradualmente se han enfriado en su fe y apenas han podido alcanzar su salvación.

Un hombre que era un anciano en mi iglesia sirvió fielmente en muchas tareas y ocupaciones. Por lo cual su fe parecía en lo exterior ser grande, pero un día de repente cayó seriamente enfermo. No podía ni siquiera hablar y vino para que orara por él. En vez de orar por su sanidad, ore por su salvación. En ese momento, su alma estaba sufriendo tanto por el temor de la lucha entre los ángeles que estaban tratando de llevarlo al Cielo y los espíritus malignos que estaban tratando de llevarlo al Infierno. Si hubiera tenido la fe suficiente para ser salvo, los espíritus malignos no hubieran venido para llevarlo. Así que inmediatamente oré para echar fuera estos espíritus malignos y le supliqué a Dios para que recibiera a este hombre. Poco después de la oración, tuvo paz y consuelo y se quebrantó derramando lágrimas. Se arrepintió justo antes de morir y fue salvo en el último instante.

De la misma manera, incluso si ha recibido el Espíritu Santo y ha tenido una posición como diácono o anciano, sería muy lamentable ante Dios vivir en pecado. Si no deja esta clase de indiferencia en su vida espiritual, el Espíritu Santo que vive en usted gradualmente se debilitará y se alejará de la salvación.

"Yo conozco tus obras, que ni eres frío ni caliente. ¡Ojalá fueses frío o caliente! Pero por cuanto eres tibio, y no frío ni caliente, te vomitaré de mi boca" (Apocalipsis 3:15-16).

En consecuencia, usted debe comprender que el hecho de ir al Paraíso constituye una salvación vergonzosa (poco honrosa), por lo que debe tener más pasión y más fortaleza para madurar en su fe.

Este hombre llegó a recobrar su salud luego de mi oración e incluso su esposa volvió a vivir estando al borde de la muerte después de haber orado por ella. Al escuchar estas palabras de vida, su familia que tenía muchos problemas llegó a tener paz y felicidad. Desde entonces, maduró hasta llegar a ser un siervo fiel de Dios por su empeño y su esfuerzo, y fue fiel en todas sus obligaciones.

No obstante, cuando la iglesia enfrentó una prueba, no intentó defenderla ni protegerla sino que, en vez de ello, dejó que sus pensamientos fueran controlados por Satanás. Las palabras que salían de su boca formaron un gran muro de pecado entre él y Dios. Finalmente, Dios no lo pudo proteger y sufrió una serie de enfermedades.

Como siervo de Dios, no debió haber visto ni escuchado ninguna cosa que estuviera en contra de la verdad y de la voluntad de Dios. Pero en vez de ello, no solo las escuchó sino también las comentó con otros. A Dios solo le quedó alejar Su rostro de él porque se había olvidado de esa maravillosa gracia que lo había sanado de una grave enfermedad.

Por eso, sus recompensas se derribaron y no tuvo la suficiente fuerza para orar. Su fe decreció y finalmente llegó al punto de no estar seguro de su salvación. Afortunadamente, Dios recordó sus pasados servicios en la iglesia, y así el hombre pudo al menos ser salvo, ya que Dios le dio la gracia para arrepentirse de lo que había hecho.

Lleno de gratitud por haber sido salvo

Entonces ¿qué clase de confesión debía haber hecho una vez que fue salvo y llegó al Paraíso? Como fue salvo en la encrucijada de ir al Cielo o al Infierno, pude oírle confesar con verdadera paz.

"He sido salvo de esta manera. Aunque me encuentro en el Paraíso, estoy satisfecho porque he sido liberado de todo temor y aflicción. Mi espíritu, que iba a descender a las tinieblas, ha llegado a esta hermosa y dulce luz".

¡Cuán grande habrá sido su gozo luego de haber sido liberado del temor del Infierno! No obstante, como fue anciano de la iglesia y fue salvo de esta forma, Dios me permitió oír su oración de arrepentimiento mientras que permanecía en el Alto Sepulcro antes de ir al lugar de espera en el Paraíso. Se arrepintió también de sus pecados y me agradeció por haber orado por él. Además hizo un voto a Dios para orar permanentemente por la iglesia y por el pastor a quien había servido hasta encontrarse con él otra vez en el Cielo.

Desde que se inició el cultivo del ser humano en este mundo, ha habido más gente que ha ido al Paraíso que a cualquier otro lugar en el Cielo.

Aquellos que son salvos en el último momento y van al Paraíso están tan agradecidos y felices por disfrutar de la comodidad y de la bendición del Paraíso y porque no fueron al

Infierno aunque no vivieron en este mundo una vida propia de un cristiano.

No obstante, la felicidad en el Paraíso no se puede comparar con la de la Nueva Jerusalén y es tan diferente a la felicidad del siguiente nivel, es decir, del Primer Reino del cielo. Por eso, lo más importante para Dios no son los años que tiene en la fe, sino la actitud de su corazón hacia Dios y el obrar conforme a Su voluntad.

Hoy muchos se dejan tentar y viven complaciendo su naturaleza pecaminosa mientras profesan haber recibido el Espíritu Santo. Estas personas apenas podrán ser salvas e ir al Paraíso, o eventualmente, irán a la muerte eterna que es el Infierno, porque el Espíritu Santo no morará más en ellos.

También, algunos creyentes nominales se volverán arrogantes al oír y aprender mucho de la Palabra de Dios y juzgarán y condenarán a otros cristianos aunque han llevado por mucho tiempo una vida cristiana. No importa lo apasionados y fieles que sean en sus ministerios, no les valdrá de nada si no se percatan de la maldad en sus corazones y echan fuera sus pecados.

Los bendigo en el nombre del Señor para que como hijos de Dios que han recibido el Espíritu Santo, se despojen de todo pecado y toda clase de maldad y se esfuercen por vivir y obrar solamente de acuerdo a la Palabra de Dios.

ᏨᎭ Capítulo 7 ᏭᏁ

El Primer Reino de los Cielos

"Todo aquel que lucha, de todo se abstiene; ellos, a la verdad, para recibir una corona corruptible, pero nosotros, una incorruptible".

- 1 Corintios 9:25

El Paraíso es el lugar para los que han aceptado a Jesucristo pero no han hecho nada con fe. Es un lugar mucho más hermoso y feliz que este mundo. Entonces, ¿se imaginan lo hermoso que será el Primer Reino de los Cielos, el lugar para aquellos que han procurado vivir de acuerdo a la Palabra de Dios?

El Primer Reino está más cerca del Trono de Dios que el Paraíso, pero hay muchos otros lugares mejores en el Cielo. No obstante, los que entran al Primer Reino estarán satisfechos con lo que se le ha dado y se sentirán felices. Es como un pez dorado que está satisfecho con permanecer en una pecera, no deseando nada más.

Veamos ahora en detalle qué clase de sitio es el Primer Reino de los Cielos, que está en un nivel más alto que el Paraíso, y qué clase de personas entran allí.

Su hermosura y felicidad
sobrepasan a la del Paraíso

Como el Paraíso es el lugar para los que no han hecho nada con fe, no se otorgarán propiedades privadas como recompensas. Sin embargo, a partir del Primer Reino en adelante se concederán posesiones personales, como casas y coronas, a manera de recompensas.

En el Primer Reino, uno vive en su casa propia y recibe una corona eterna. Es tan grande la gloria de poseer una casa propia en el Cielo, por eso en el Primer Reino se siente una felicidad que no se puede comparar a la del Paraíso.

Las casas particulares hermosamente decoradas

Las residencias personales en el Primer Cielo no son casas separadas sino más bien se asemejan a los departamentos en la Tierra. Sin embargo, no están construidas con cemento ni ladrillos, sino con hermosos materiales celestiales como oro y piedras preciosas.

Estas casas no tienen escalera, sino solo hermosos ascensores. En este mundo, tiene que presionar el botón del ascensor, pero en el Cielo irán automáticamente al piso deseado.

Algunos de los que han ido al Cielo en el espíritu declaran que hay apartamentos, y es por que han visto el Primer Reino de los Cielos. Estos apartamentos, que son como casas, tienen todo lo necesario para vivir, por lo que no hay incomodidad ni molestia.

Hay instrumentos musicales para los que gustan de la música y si desean podrán tocarlos; y libros para los que disfrutan de la lectura. Todos tienen un lugar privado realmente cómodo y agradable donde pueden descansar.

De esta forma, los alrededores del Primer Reino están hechos conforme a las preferencias del dueño. Por eso, es un lugar mucho más hermoso, feliz y próspero que el Paraíso y lleno de un gozo y de una comodidad que nunca podrá experimentar en este mundo.

Los parques públicos, lagos, piscinas y otros lugares de entretenimiento

Ya que las casas en el Primer Reino no son propiedades individuales, hay jardines o parques públicos, lagos, piscinas y campos de golf. Es exactamente igual a las personas que viven en departamentos en este mundo, y que comparten los parques, las canchas de tenis o las piscinas.

Estas propiedades públicas nunca se deterioran con el tiempo, porque los ángeles siempre las mantienen en la mejor condición. Los ángeles ayudan a los residentes a usar estos lugares para que no tengan ningún inconveniente aunque son propiedades públicas.

En el Paraíso no hay ángeles que sirvan, pero en el Primer Cielo hay ángeles que ayudan a los que viven allí. Por eso se siente un tipo de gozo y felicidad, muy diferente. Aunque no hay ángeles que sirvan específicamente a una sola persona, ellos están en diferentes lugares para servir y ayudar.

Por ejemplo, si desea comer alguna fruta mientras está conversando con sus seres queridos sentado en una silla de oro cerca del Río del Agua de Vida, los ángeles inmediatamente le traerán la fruta y cortésmente se la servirán. Como son ángeles que ayudan a los hijos de Dios, la felicidad y el gozo que se siente es muy diferente al que se siente en el Paraíso.

El Primer Reino es superior al Paraíso

Incluso los colores y la fragancia de las flores, así como la belleza de la piel de los animales es diferente a la que se encuentra en el Paraíso. Es porque Dios ha provisto en cada lugar del Cielo todo de acuerdo al nivel de fe de las personas.

La gente en este mundo tiene diferentes patrones de belleza. Por ejemplo, los expertos en flores juzgan la belleza de una flor basados en diferentes criterios. En el Cielo, el aroma de las flores en cada morada es diferente. Incluso dentro del mismo lugar, cada flor tiene una fragancia única y particular.

Dios ha provisto a las flores de tal manera que los moradores del Primer Reino se puedan sentir de lo mejor cuando perciban sus aromas. Por supuesto, las frutas tienen sabores diferentes en los diversos lugares del Cielo. Igualmente, Dios ha provisto los colores y los aromas de cada fruta conforme al nivel de fe del ocupante de cada morada.

Por ejemplo: ¿Cómo se prepararía y serviría a un invitado importante? Procuraría agradar y complacer al máximo el gusto del invitado de tal forma que fuera de su mayor agrado.

De la misma manera, Dios ha provisto absolutamente todo

para que Sus hijos estén satisfechos en todo aspecto.

¿Quiénes van al Primer Reino?

El Paraíso es el lugar del Cielo para aquellos que están en el primer nivel de fe, que son salvos por creer en Jesucristo, pero que no han hecho nada por el Reino de Dios. ¿Quiénes van entonces al Primer Reino de los Cielos que está en un nivel superior al Paraíso y disfrutan allí de la vida eterna?

Quienes han procurado vivir conforme a la Palabra de Dios

El Primer Reino de los Cielos es el lugar para aquellos que han aceptado a Jesucristo y han procurado vivir conforme a la Palabra de Dios. Los que tan solo han aceptado al Señor, vienen a la iglesia los domingos y escuchan la Palabra de Dios, pero no saben lo que realmente es el pecado, ni por qué tienen que orar, ni tampoco por qué deben despojarse de sus pecados. De la misma forma, los que están en el primer nivel de fe han experimentado el gozo del primer amor al haber nacido del agua y del Espíritu Santo, pero no se dan cuenta de lo que es el pecado y no han llegado aún a descubrir sus pecados.

No obstante, si alcanza el segundo nivel de fe con la ayuda del Espíritu Santo, se da cuenta del pecado y de la justicia de Dios. Por eso, procurará vivir conforme a la Palabra de Dios, pero no lo podrá hacer inmediatamente. Es como un bebé aprendiendo a caminar: continuará cayéndose, hasta aprender a caminar.

El Primer Reino de los Cielos es el lugar para esta clase de personas, que han procurado vivir conforme a la Palabra de Dios, y se les concederán coronas eternas. Al igual que los atletas que tienen que competir de acuerdo a las reglas del juego (2 Timoteo 2:5-6), los hijos de Dios tienen que pelear la buena batalla de la fe conforme a la verdad. Si ignoran las reglas del reino espiritual, que es la ley de Dios, será como un atleta que no compite reglamentariamente, entonces su fe estará muerta. Por eso, no será considerado como participante ni competidor y no se le dará ninguna corona.

Sin embargo, a todo el que vaya al Primer Reino, se le otorgará una corona, porque ha procurado vivir de acuerdo a la Palabra de Dios, incluso aunque sus hechos y acciones no hayan sido lo suficientemente buenas. No obstante, es aún una salvación vergonzosa (poco honrosa). Aunque han tenido fe para llegar al Primer Reino, no han vivido completamente conforme a la Palabra de Dios.

Si la obra se quema la salvación es vergonzosa (poco honrosa).

Entonces, ¿qué entendemos exactamente por 'salvación vergonzosa (poco honrosa)'? En 1 Corintios 3:12-15, se puede ver que la obra o el trabajo que uno ha hecho puede perdurar o puede quemarse.

"Y si sobre este fundamento alguno edificare con oro,

plata, piedras preciosas, madera, heno, hojarasca, la
obra de cada uno se hará manifiesta; porque el día la
declarará, pues por el fuego será revelada; y la obra de
cada uno cuál sea, el fuego la probará. Si permaneciere
la obra de alguno que sobreedificó, recibirá recompensa.
Si la obra de alguno se quemare, él sufrirá pérdida, si
bien él mismo será salvo, aunque así como por fuego ".

El 'fundamento' mencionado en este verso se refiere a
Jesucristo y significa que todo lo que se edifique sobre este
fundamento, es decir, toda obra, será revelada a través de pruebas
como el fuego.

Por una parte, las obras de los que tienen una fe como el oro,
la plata o las piedras preciosas permanecerán incluso en pruebas
terribles y feroces, porque obran y actúan de acuerdo a la Palabra
de Dios. Por otra parte, las obras de aquellos que tienen una fe
como la madera, heno u hojarasca, serán quemadas cuando se
enfrenten con estas pruebas, porque no han actuado conforme a
la Palabra de Dios.

Para ubicarlas más claramente dentro de las medidas de fe, el
oro representa el quinto nivel de fe (es decir, el nivel más alto);
la plata es el cuarto nivel de fe; las piedras preciosas son el tercer
nivel; la madera representa el segundo y la hojarasca es el primer
nivel de fe (es decir, el nivel más bajo). La madera y el heno tienen
vida; la fe como madera representa que se tiene una fe viva, pero
que es débil. La hojarasca, sin embargo, es seca y no tiene vida y
se refiere a los que no tienen fe.

Por eso, los que no tienen fe no son salvos. La madera y el

heno, cuyas obras serán quemadas por las pruebas, se refieren a la salvación vergonzosa. Dios reconocerá la fe de oro, de plata y de piedras preciosas; pero no podrá reconocer la fe de madera, ni de heno.

La fe sin obras es una fe muerta

Algunos podrían pensar: "He sido cristiano por mucho tiempo, por lo tanto debo haber pasado al primer nivel de fe y al menos podré ir al Primer Reino". No obstante, si verdaderamente tiene fe, es obvio que vivirá de acuerdo a la Palabra de Dios. De la misma forma, si infringe los mandamientos y no se despoja de sus pecados, no podrá ir al Primer Reino ni al Paraíso.

La Biblia, en Santiago 2:14, le pide una fe con obras: *"Hermanos míos, ¿de qué aprovechará si alguno dice que tiene fe, y no tiene obras? ¿Podrá la fe salvarle?"* Si no tiene obras, no será salvo. La fe sin obras está muerta. Así que aquellos que no luchan contra el pecado no podrán ser salvos, porque son como el hombre que recibió una mina y la escondió (Lucas 19:20-26).

La mina representa al Espíritu Santo. Dios da el Espíritu Santo como un don a los que abren sus corazones y aceptan a Jesucristo como su Salvador personal. El Espíritu Santo lo hace conciente de pecado, de justicia y de juicio, y lo ayuda a ser salvo e ir al Cielo.

Por un lado, si profesa su fe en Dios pero no circuncida su corazón, no siguiendo el anhelo del Espíritu Santo, ni actúa conforme a la verdad, entonces el Espíritu Santo no permanecerá en su corazón. Por otra parte, si se despoja de sus pecados y con la ayuda del Espíritu Santo actúa y vive de acuerdo a la Palabra de Dios, podrá reflejar cada vez más el corazón de Jesucristo, quien es la Verdad.

Por eso, los hijos de Dios que han recibido el Espíritu Santo como un don, deben santificar sus corazones y llevar el fruto del Espíritu para alcanzar la perfecta salvación.

Fiel en lo externo pero incircunciso en lo espiritual

Dios una vez me mostró a un hermano de la congregación que había fallecido y había ido al Primer Reino, y me hizo ver la importancia de la fe acompañada de obras. Esta persona sirvió por 18 años como miembro del Departamento Financiero de la Iglesia, sin que hubiera traición ni engaño en su corazón. De igual modo, fue fiel en otras tareas y ocupaciones de Dios y se le nombró anciano. Intentó producir frutos en numerosos negocios y dar gloria a Dios, a menudo preguntándose a sí mismo: "¿Cómo puedo ser más digno de alcanzar el Reino de Dios?"

No obstante, no tuvo éxito en sus negocios debido a que algunas veces deshonró a Dios al no seguir el camino correcto debido a sus pensamientos carnales y a su corazón que a menudo procuraba su propio beneficio. Además, hizo observaciones deshonestas; se amargó y se enojó con otras personas y desobedeció en muchos aspectos la Palabra de Dios.

En otras palabras, debido a que fue exteriormente fiel pero no circuncidó su corazón, que es lo más importante, se quedó en el segundo nivel de fe. Más aún, si sus problemas financieros e interpersonales hubieran persistido, no hubiera logrado mantener su fe, sino se hubiera comprometido con la injusticia.

Al final Dios lo llamó a Su presencia en el mejor momento, porque debido a la medida en que su fe había retrocedido no hubiera ni siquiera podido ir al Paraíso.

Luego de su muerte, por una revelación espiritual, me expresó su gratitud y arrepentimiento por muchas cosas. Se arrepintió por haber herido los sentimientos de los ministros al no haber vivido por la verdad, por haber causado que otros se alejaran de la Iglesia, por haber ofendido a otras personas y por no actuar conforme a la Palabra de Dios incluso después de haberla escuchado.

También dijo que siempre había vivido en tensión porque no se había arrepentido completamente de sus errores cuando estuvo en este mundo. Sin embargo, ahora era muy feliz porque podía confesar sus errores.

Además, dijo que como anciano de la iglesia estaba muy agradecido porque había ido al Primer Cielo y no al Paraíso. Aún así era vergonzoso y lamentable, por su posición en la iglesia, estar en el Primer Reino, pero se sentía mucho mejor porque el Primer Reino es mucho más glorioso que el Paraíso.

Por eso, lo más importante es circuncidar su corazón antes que la fidelidad exterior y los títulos o posición.

A través de las pruebas Dios lleva a Sus hijos a un mejor cielo

Así como un atleta debe someterse a un duro entrenamiento

y muchas horas de práctica para ganar, también usted deberá enfrentar pruebas para ir a una mejor morada en el Cielo. Dios permite las pruebas en la vida de Sus hijos para guiarlos a mejores lugares en el Cielo. Estas pruebas pueden dividirse en tres categorías.

Primero: pruebas para echar fuera y despojarse de los pecados. A fin de llegar a ser un verdadero hijo de Dios, tiene que luchar contra el pecado hasta derramar sangre para despojarse completamente de él. No obstante, Dios algunas veces disciplina a Sus hijos debido a que no se han despojado de sus pecados sino que continúan viviendo en pecado (Hebreos 12:6). Al igual que los padres algunas veces corrigen a sus hijos para guiarlos por el camino correcto, Dios algunas veces permite las pruebas en Sus hijos para que lleguen a ser perfectos.

Segundo: pruebas que forman apropiadamente una vasija y que son de bendición. David, aun siendo joven, salvó a sus ovejas matando al oso o al león cuando atacaron su rebaño. Tenía una fe tan grande que incluso mató a Goliat, que había atemorizado a todo el ejército Israelita, solo con una honda y una piedra, confiando únicamente en Dios.

La razón por la que todavía tenía que enfrentar pruebas, por ejemplo, al ser perseguido por el Rey Saúl, era porque Dios las permitía para hacer de David una gran vasija y un gran Rey.

Tercero: pruebas para poner fin a la pereza o letargo porque la gente puede permanecer alejada de Dios si está en paz. Por ejemplo: existen algunos que son fieles al Reino de Dios y por eso son bendecidos financieramente. Entonces dejan de orar y su entusiasmo por Dios se enfría o decrece. Si Dios los dejara así podrían morir. Por eso Dios permite las pruebas para que vuelvan en sí y despierten espiritualmente.

Deben despojarse de todo pecado, actuar justa y rectamente y llegar a ser los vasos idóneos y apropiados a los ojos de Dios, comprendiendo que el corazón de Dios permite las pruebas de fe. Anhelo que usted reciba plenamente las maravillosas y extraordinarias bendiciones que Dios le ha preparado.

Algunos podrán decir: "Deseo cambiar, pero no me resulta fácil a pesar de intentarlo". No obstante, se podría decir que tal cosa no es debido a que sea difícil cambiar, sino más bien, porque hay, en lo más profundo de su corazón, falta de deseo y de pasión para cambiar. Si en realidad entiende espiritualmente la Palabra de Dios y procura cambiar desde el interior de su corazón, podrá rápidamente lograr ese cambio debido a que Dios le dará Su gracia y fortaleza para hacerlo. Por supuesto, el Espíritu Santo lo ayudará en este camino. Si tan solo acepta la Palabra de Dios en su mente como mero conocimiento y no actúa de acuerdo a ella, probablemente se convertirá en una persona orgullosa, caprichosa y arrogante y será muy difícil que llegue a ser salvo.

Ruego en el nombre del Señor para que no pierda la pasión y el gozo del primer amor y siga el anhelo del Espíritu Santo y así pueda poseer una mejor morada en el Cielo.

Capítulo 8

El Segundo Reino de los Cielos

"Ruego a los ancianos que están entre vosotros,
yo anciano también con ellos, y testigo de los
padecimientos de Cristo, que soy también participante
de la gloria que será revelada: Apacentad la grey de
Dios que está entre vosotros, cuidando de ella, no
por fuerza, sino voluntariamente; no por ganancia
deshonesta, sino con ánimo pronto; no como teniendo
señorío sobre los que están a vuestro cuidado, sino
siendo ejemplos de la grey. Y cuando aparezca el
Príncipe de los pastores, vosotros recibiréis la corona
incorruptible de gloria".

- 1 Pedro 5:1-4

No importa lo mucho que haya oído del Cielo, no le servirá de nada si no lo comprende en su corazón por el hecho de no creerlo. Así como un ave atrapa una semilla que encuentra en el camino, Satanás y el diablo le arrebatan la Palabra que recibe respecto al Cielo (Mateo 13:19).

Si escucha la Palabra de Dios y se aferra a ella, podrá vivir una vida de fe y esperanza y cosechar treinta, sesenta, cien o más veces de lo que ha sembrado. Ya que puede vivir de acuerdo a la Palabra de Dios, no solo cumplirá sus obligaciones, sino también se santificará y será fiel en toda la casa de Dios. ¿Qué clase de lugar es el Segundo Reino de los Cielos y quiénes van ahí?

Hermosas moradas privadas se otorgan a cada uno

Como ya he señalado, los que van al Paraíso o al Primer Reino solo son salvos sin honra debido a que sus obras no se mantuvieron cuando enfrentaron pruebas difíciles. Sin embargo, los que van al Segundo Reino poseen la clase de fe que vence estas pruebas y son recompensados conforme a la justicia de Dios, que retribuye a cada uno de acuerdo a lo que ha sembrado. Estas recompensas no se pueden comparar con las que se dan en el Paraíso o en el Primer Reino.

Por lo tanto, si la felicidad del que ha ido al Primer Reino se compara con la felicidad de un pez dorado en una pecera, la felicidad de aquél que ha ido al Segundo Cielo se podrá comparar con la felicidad que siente un gran pez en el vasto Océano Pacífico.

Ahora, demos una mirada a las características del Segundo Reino, enfocándonos en las moradas y en la forma de vida.

Residencias particulares de un solo piso se otorgan a cada persona

Las casas en el Primer Reino son como apartamentos, pero las del Segundo Reino son viviendas privadas de un solo piso completamente independientes. Las moradas en el Segundo Reino no se pueden comparar con ninguna residencia, ni casa de campo de este mundo, por más hermosas que sean. Son grandes, hermosas y están elegantemente decoradas con flores y árboles.

Si va al Segundo Reino, no solo se le dará la casa, sino también su más preciado deseo. Si quiere una piscina, se le concederá una hermosísima piscina decorada con oro y toda clase de piedras preciosas. Si desea un hermoso lago, se le dará un lago. Si quiere una sala para esparcimiento, igualmente se le dará. Si le gusta pasear, tendrá un hermoso camino lleno de maravillosas flores y plantas, alrededor del cual verá muchos animales jugando.

Sin embargo, aunque desee tenerlo todo: la piscina, el lago, el camino y todo lo demás, solo podrá tener lo que más desee. Como los residentes del Segundo Reino poseen diferentes cosas, se visitan entre ellos y así disfrutan juntos lo que cada uno tiene.

Si alguien tiene un salón para jugar pero no tiene una piscina y desea nadar, puede ir donde su vecino que tiene piscina y pasar un momento agradable. En el Cielo, las personas se sirven unas a otras y nunca se sienten mal o se molestan con otra persona, incluso si las visitan frecuentemente. En vez de ello, se sentirán felices y contentos. Así, si desea disfrutar de algo, podrá visitar a sus vecinos y divertirse con lo que tienen.

Por lo tanto, el Segundo Reino es mucho mejor que el

Primer Reino en todo aspecto. Claro está que no se lo puede comparar con la Nueva Jerusalén. No tienen ángeles que les sirvan. El tamaño, la belleza y el esplendor de las mansiones es muy diferente y el material, los colores y el brillo de las piedras preciosas que decoran esas residencias son igualmente muy diferentes.

Las placas en las puertas poseen una luz bella y resplandeciente

En el Segundo Reino las moradas son de un solo piso y tienen una placa sobre la puerta de entrada. Esta placa indica el nombre del propietario de la residencia y en algunos casos especiales se graba el nombre de la iglesia en la cual ha servido. Se inscribe en la placa, de donde una bella y espléndida luz brilla resplandeciente junto al nombre del propietario en letras celestiales que se asemejan a la escritura hebrea o árabe. Así, las personas en el Segundo Reino dirán con anhelo: "¡Oh! Esta es la casa de tal o cual persona que ha servido o ha sido miembro de tal o cual iglesia"

¿Por qué se grabará el nombre de la iglesia? Dios lo hace para que el nombre de aquella iglesia sea el orgullo y gloria de los miembros que sirvieron en la iglesia que construirá el Gran Santuario para recibir al Señor en Su Segunda Venida en el aire.

Sin embargo, las residencias en el Tercer Reino y en la Nueva Jerusalén, no tendrán placas en sus puertas. No hay muchas personas en esos reinos y se podrá reconocer al dueño por las luces y aromas inconfundibles que salen de las moradas.

Sentirse triste por no haberse santificado completamente

Algunos podrían preguntarse: "¿No sería contraproducente en el Cielo que a los que van al Primer Reino se les conceda uno de sus deseos, mientras que en el Paraíso no hay moradas personales?". Sin embargo, en el Cielo, no hay nada inadecuado, ni insuficiente. Las personas nunca se sienten incómodas por vivir juntas. No son mezquinas al compartir sus posesiones con los demás. Solamente están agradecidos por compartir lo que tienen y lo consideran una gran dicha.

Además, no sienten pena ni se lamentan por no tener una morada personal ni tampoco tienen envidia de las cosas que otros tienen. Al contrario, están siempre conmovidos, emocionados y agradecidos a Dios Padre por haberles dado mucho más de lo que merecen, y siempre están satisfechos con una alegría, un gozo y un regocijo inalterable.

Lo único por lo que se sienten apenados y tristes, es por no haberse esforzado lo suficiente y no haberse santificado completamente cuando vivieron en la Tierra. Sienten pena y vergüenza de estar frente a Dios y no haberse despojado de la maldad que había en ellos. Incluso, cuando ven a los que han ido al Tercer Cielo o a la Nueva Jerusalén, no sienten envidia de ellos por sus grandes mansiones y sus gloriosas recompensas, sino que sienten pena por no haberse santificado totalmente.

Ya que Dios es justo, hace que uno coseche lo que ha sembrado y recompensa de acuerdo a lo que uno ha hecho. Por eso, Dios otorga moradas y galardones en el Cielo en la medida en que llegue a santificarse y sea fiel a Dios en la Tierra.

Dependiendo del grado en que viva de acuerdo a la Palabra, Dios lo recompensará en esa misma medida y aún más amplia y generosamente.

Si vive por completo según la Palabra de Dios, se le dará el 100% de cualquier cosa u objeto que desee en el Cielo. Sin embargo, si no vive enteramente conforme a ella, se le recompensará solo de acuerdo a lo que haya hecho, aún así, será abundante.

Por lo tanto, no importa a qué nivel del Cielo entre, siempre estará agradecido a Dios por haberle dado mucho más de lo que ha hecho en la Tierra y vivirá por siempre con gozo y en completa felicidad.

La corona de gloria

Dios, quien recompensa abundantemente, concede una corona eterna a los que entran al Primer Reino. ¿Qué clase de corona, entonces, se otorgará a los del Segundo Reino?

Aunque no hayan sido completamente santificados, han dado gloria al Señor cumpliendo con sus obligaciones y deberes. Por eso, recibirán la corona de gloria. Si lee 1 Pedro 5:2-4 verá que la corona de gloria es una recompensa confiada a los que han sido un ejemplo, viviendo fielmente de acuerdo a la Palabra de Dios.

"Apacentad la grey de Dios que está entre vosotros, cuidando de ellos, no por fuerza, sino voluntariamente; no por ganancia deshonesta, sino con ánimo pronto; no como teniendo señorío sobre los que están a vuestro

cuidado, sino siendo ejemplos de la grey. Y cuando aparezca el Príncipe de los pastores, vosotros recibiréis la corona incorruptible de gloria".

La razón por la que dice: "la corona incorruptible de gloria", es porque toda corona en el Cielo es eterna e incorruptible. Y es porque el Cielo es un lugar perfecto donde todo es eterno y ninguna corona se deteriorará.

¿Quiénes van al Segundo Reino?

Alrededor de Seúl, la capital de la República de Corea del Sur, hay ciudades satélites y alrededor de estas hay pequeños pueblos. De la misma forma, en el Cielo, cerca del Tercer Reino, en el cual está la Nueva Jerusalén, se encuentran el Segundo Reino, el Primer Reino y el Paraíso.

El Primer Reino es el lugar para aquellos que han llegado al segundo nivel de fe y que han procurado vivir conforme a la Palabra de Dios. ¿Quiénes van, entonces, al Segundo Reino? Los que han llegado al tercer nivel de fe y que han vivido según la Palabra de Dios, van al Segundo Reino. Ahora consideremos en detalle quiénes van al Segundo Reino.

El Segundo Reino: Lugar para las personas no santificadas por completo

Usted podrá ir al Segundo Reino si vive conforme a la Palabra de Dios y cumple con sus obligaciones y deberes, aun cuando su corazón no esté totalmente santificado.

Si fuera bien parecido, inteligente y sabio, obviamente desearía que sus hijos se parezcan a usted. De la misma forma, Dios, quien es santo y perfecto, desea que Sus verdaderos hijos se asemejen a Él. Dios quiere hijos que lo amen y guarden Sus mandamientos, que obedezcan sus mandatos porque lo aman y no solo por un sentido del deber.

Si usted realmente ama a alguien, haría cualquier cosa por esa persona. Ahora bien, si en verdad ama a Dios con todo su corazón, podrá guardar cualquiera de Sus mandamientos con alegría y regocijo.

Obedecerá a Dios incondicionalmente con gozo y agradecimiento, guardando lo que le dice que debe guardar, desechando lo que le dice que debe desechar, no haciendo lo que le prohíbe y haciendo lo que le dice que debe hacer. No obstante, aquellos que están en el tercer nivel de fe, no pueden obrar conforme a la Palabra de Dios con completo gozo y agradecimiento en sus corazones porque aún no han llegado a este nivel de amor.

En la Biblia, hay obras de la naturaleza pecaminosa o carnal (Gálatas 5:19-21) y deseos o cosas de la carne (Romanos 8:5). Cuando se actúa de acuerdo a la maldad que está en su corazón, se le denomina obras de la carne o de la naturaleza pecaminosa. A la naturaleza pecaminosa que tiene en su corazón y que aún no ha sido expuesta exteriormente se le llama deseos o cosas de la carne.

Aquellos que están en el tercer nivel de fe ya se han despojado de todas las obras de la carne que son exteriormente visibles, pero aún tienen los deseos de la carne en sus corazones. Guardan y cumplen lo que Dios les dice que deben cumplir, se despojan de lo que Dios les dice que deben despojarse, no hacen lo que Dios les prohíbe y hacen lo que Dios les dice que deben hacer. Sin embargo, la maldad en sus corazones aún no ha sido completamente eliminada. De la misma forma, si sirve en la obra con un corazón que no está totalmente santificado, podrá ir al Segundo Reino. La 'santificación' se refiere al estado o condición en la que se ha despojado de toda clase de maldad y solo se tiene bondad y piedad en el corazón.

Por ejemplo: digamos que hay una persona a la que odia. Ahora bien, usted ya ha escuchado la Palabra de Dios, que le dice que 'no se debe odiar', y procura no odiarla. Como resultado no la odia ahora. Sin embargo, si verdaderamente no la ama en su corazón, aún no está santificado.

Por lo tanto, para crecer del tercer al cuarto nivel de fe, es crucial que haga el máximo esfuerzo por despojarse del pecado, incluso hasta entregar su vida.

Las personas que han cumplido sus deberes por la gracia de Dios

El Segundo Reino es el lugar para aquellos que no han alcanzado una total santificación en sus corazones, pero que han cumplido con sus obligaciones y deberes asignados por Dios. Consideremos la clase de personas que van al Segundo Reino tomando como ejemplo el caso de una hermana de esta congregación que murió mientras servía en la Iglesia Manmin de Joong-ang.

Ella llegó con su esposo a la Iglesia Manmin en el año de su fundación. Había padecido de una grave enfermedad, pero sanó luego que oré por ella, y toda su familia se convirtió. Ambos maduraron en su fe, y ella llegó a ser diaconisa principal, su esposo un anciano de la iglesia, y sus hijos crecieron y están sirviendo al Señor como ministros; una de sus hijas es esposa de un pastor y otra es ministro de alabanza.

No obstante, no pudo despojarse de toda maldad y cumplir apropiadamente con sus obligaciones, pero por la gracia de Dios se arrepintió y pudo cumplir bien con sus deberes en la Iglesia, pasando luego a la presencia del Señor. Dios me hizo saber que ella iría al Segundo Reino de los Cielos y pude comunicarme con ella en el espíritu.

Cuando ella fue al Cielo, lo que más la apenó fue no haberse despojado de todos sus pecados y alcanzar la total santificación, y no haber expresado su agradecimiento de corazón a su pastor que había orado por su sanidad y la había guiado con amor.

Además, ella había creído que teniendo en cuenta el nivel de fe al que había llegado, la forma como había servido al Señor y las palabras que habían salido de su boca, solo podía haber llegado al Primer Reino. No obstante, cuando ya no le quedaba mucho tiempo restante en este mundo, debido a la oración de amor de su pastor y a las obras de fe que hizo y que agradaron a Dios, su fe creció rápidamente y llegó a entrar al Segundo Reino.

De hecho su fe creció muy rápidamente antes de que falleciera. Se dedicó a la oración y envió miles de boletines de la iglesia a todo su vecindario. No buscó su propio beneficio, sino solamente sirvió fielmente al Señor.

Me contó de la morada en la que iba a vivir en el Cielo. Me dijo que, a pesar de ser de un solo piso, está decorada maravillosamente con hermosas flores y árboles y que es tan grande y magnífica que no se puede comparar con ninguna casa en la Tierra.

Por supuesto, comparada con las casas en el Tercer Reino o en la Nueva Jerusalén, sería como una casa de esteras, pero está tan agradecida y satisfecha porque no merecía tenerla. Ella quiso transmitir el siguiente mensaje a su familia para que puedan ir a la Nueva Jerusalén.

"El cielo está dividido con perfecta exactitud, esmero y precisión. La gloria y la luz son tan diferentes en cada lugar. Los animo para que entren en la Nueva Jerusalén. Me gustaría decir a los miembros de mi familia que aún están en la Tierra lo lamentable y vergonzoso que es encontramos con nuestro Dios y Padre en el Cielo y no habernos despojado de todos nuestros pecados.

Las recompensas que Dios concede a los que van a la Nueva Jerusalén y la grandeza de las casas son formidables. Les quiero comentar cuán lamentable y vergonzoso es estar ante Dios y no haberse despojado de toda maldad. Desearía comunicar este mensaje a mi familia para que echen fuera toda maldad y así puedan entrar en la gloriosa Nueva Jerusalén".

Los exhorto a valorar lo importante que es santificar su corazón y dedicar su vida diaria para el reino de Dios y Su justicia con la esperanza de ir al Cielo, y de esta manera puedan avanzar decididamente a la Nueva Jerusalén.

Las personas fieles en todo pero que han desobedecido debido a su propio y erróneo criterio de justicia

Ahora veamos el caso de otra hermana de la congregación que amó al Señor y cumplió fielmente con su servicio, pero que no pudo ir al Tercer Reino debido a algunas imperfecciones en su fe.

Llegó a la Iglesia Manmin debido a una enfermedad que padecía su esposo y se convirtió en miembro muy activo. Su esposo fue traído a la iglesia en una camilla, pero el dolor que sufría desapareció y volvió a caminar. ¡Imagínese cuán agradecida y gozosa estaba! Siempre estaba agradeciendo a Dios por haber sanado a su esposo y a su pastor que había orado con amor por él. Siempre fue fiel. Oraba todo el tiempo por el reino de Dios y dando gracias por su pastor. Oraba cuando caminaba, estando sentada o de pie e incluso cuando cocinaba.

Además, como amaba a sus hermanos en Cristo, consolaba a otros antes de ser consolada, alentaba y cuidaba de otros creyentes. Su único deseo era vivir por la Palabra de Dios y procuraba despojarse de todos sus pecados al punto de derramar su sangre. Nunca envidió ni anheló posesiones en este mundo, sino tan solo se dedicaba a predicar el Evangelio a sus vecinos.

Ya que era tan fiel al reino de Dios, mi corazón fue motivado por el Espíritu Santo por su lealtad y le pedí a ella que se encargara del servicio de la Iglesia. Tenía fe que si cumplía fielmente con su deber, entonces toda su familia, incluyendo su esposo, llegaría a tener fe espiritual.

No obstante, no pudo obedecer porque miró las circunstancias y fue consumida por sus pensamientos carnales. Poco después falleció. Se quebrantó mi corazón y mientras estaba orando a Dios pude oír su confesión en el espíritu.

"A pesar de que me arrepiento una y otra vez por no haber obedecido a mi pastor, no se puede retroceder el tiempo. Por eso, estoy orando cada vez más y más solo por el reino de Dios y por mi pastor. Una cosa debo decir a mis amados hermanos: Lo que dice el pastor es la voluntad de Dios. El pecado más grande es desobedecer la voluntad de Dios y guardar alguna raíz de amargura. Debido a esto las personas enfrentan dificultades. Yo fui elogiada por tener un corazón humilde, por esforzarme en obedecer y no amargarme. Muy pronto llegará el día en que reciba mi recompensa. Espero que mis hermanos tengan una mente pura para que anhelen este día".

Ella confesó más que esto y me dijo que la razón por la que no iba al Tercer Reino era debido a su desobediencia.

"Hasta el día en que llegué a este reino desobedecí en pocas cosas. Algunas veces dije: "No, no, no" mientras escuchaba el mensaje. No cumplí con mi servicio ni con mi deber por conveniencia. Porque pensé que podía cumplir con mis obligaciones cuando mis circunstancias fueran mejor. Me guié por mis pensamientos carnales. Fue un error muy grande ante Dios".

También me dijo que había envidiado a algunos ministros y a los que administraban las finanzas de la iglesia, pensando que sus recompensas en el Cielo serían mucho mayores que las de ella. No obstante, cuando llegó al Cielo, eso no fue así.

"¡No!, ¡No!, ¡No! Solamente aquellos que actúan de acuerdo a la voluntad de Dios reciben grandes recompensas y bendiciones. Si los líderes cometen algún error, es un pecado más grave que si un hermano de la iglesia cometiera una equivocación. Ellos tienen que orar más. Los líderes tienen que ser más fieles. Tienen que enseñar mejor. Deben saber discernir. Por eso, en uno de los evangelios se señala que un hombre ciego no puede guiar a otro ciego. Este es el significado de esa palabra: "No quieran ser maestros". Uno será bendecido si procura hacer lo mejor en su posición o puesto. El día que nos encontremos como hijos de Dios en el reino eterno, llegará muy pronto. Por eso, deben despojarse de toda obra de la carne, llegar a ser justos, y prepararse como la novia del Señor para no estar avergonzados cuando estemos delante de Él".

Por eso es importante obedecer, no por el simple hecho de obedecer o por un sentido del deber, sino por el gozo que hay en su corazón al hacerlo, por el amor que le tiene Dios, y para santificar su corazón. Más aún, no debe simplemente ser un mero asistente a la iglesia, sino mirar su vida y ver a qué reino celestial puede entrar si el Padre hoy llama su alma.

Debe ser fiel en todas sus obligaciones y deberes y vivir conforme a la Palabra de Dios para llegar a santificarse completamente y así entrar a la Nueva Jerusalén.

1 Corintios 15:41 dice que la gloria que cada persona recibirá en el Cielo será diferente. Nos dice: *"Uno es el resplandor del sol, otro el de la luna y otro el de las estrellas, pues una estrella es diferente de otra en resplandor"*.

Todos aquellos que son salvos gozarán y disfrutarán de vida eterna en el Cielo. No obstante, algunos permanecerán en el Paraíso mientras otros irán en la Nueva Jerusalén, conforme a su medida de fe. La diferencia de gloria es tan grande que no se puede expresar con palabras.

Es mi oración que no se quede tan solo en un nivel de fe simplemente para ser salvo, sino que, al igual que el campesino que vendió todas sus posesiones para comprar el campo y desenterrar el tesoro, viva completamente según la Palabra de Dios y deseche toda clase de maldad para que pueda entrar a la Nueva Jerusalén y gozar de la gloria que resplandece allí como el sol.

Capítulo 9

El Tercer Reino de los Cielos

"Bienaventurado el varón que soporta la tentación; porque cuando haya resistido la prueba, recibirá la corona de vida, que Dios ha prometido a los que le aman".

- Santiago 1:12

Dios es Espíritu y bondad, es luz y amor. Por eso desea que Sus hijos se despojen de todo pecado y toda clase de maldad. Jesús, quien vino a este mundo hecho carne, no tuvo defecto ni mancha porque es Dios Mismo. Entonces, ¿Qué se debe hacer para ser la novia del Señor?

Para llegar a ser verdadero hijo de Dios y, en consecuencia, la novia del Señor, y compartir eternamente el verdadero amor con Dios, debe tener un corazón santo semejante al de Dios y santificarse a sí mismo despojándose de todo tipo de maldad.

El Tercer Reino de los Cielos, que es el lugar para los hijos de Dios que son santos y que reflejan el corazón de Dios, es muy diferente al Segundo Reino. Como Dios aborrece la maldad y ama la bondad, trata de manera muy especial a Sus hijos que están santificados. Entonces, ¿qué clase de lugar es el Tercer Reino y cómo debe amar a Dios para ir allí?

Los ángeles sirven a cada hijo de Dios

Las moradas en el Tercer Reino son, más allá de toda comparación, mucho más esplendorosas y resplandecientes que las hermosas casas del Segundo Reino. Están decoradas con muchas clases de piedras preciosas y tienen todas las comodidades que desean los propietarios.

Además, a partir del Tercer Reino, le serán asignados a cada uno ángeles que lo sirvan, amen y honren y lo harán solo con lo mejor.

Ángeles de servicio privado

Hebreos 1:14 dice: *"¿No son todos espíritus ministradores, enviados para servicio a favor de los que serán herederos de la salvación?"* Los ángeles son simplemente seres espirituales. Como creación de Dios, en la forma, se parecen a los seres humanos, pero no tienen carne ni huesos, ni se fatigan ni mueren.

No tienen personalidad como los seres humanos, pero su conocimiento y poder es mucho mayor que el del ser humano (2 Pedro 2:11).

Hebreos 12:22 habla de *"millares de ángeles"*. Hay un sinnúmero de ángeles en el Cielo. Dios ha establecido un orden y rango entre ellos, asignándoles diferentes tareas y dándoles distinta autoridad de acuerdo a esa labor.

Así, hay diferencias entre los ángeles: existen ángeles, huestes celestiales y arcángeles. Por ejemplo: Gabriel, que sirve como un oficial civil, trae las respuestas a sus oraciones o los planes y revelaciones de Dios (Daniel 9:21-23; Lucas 1:19, 1:26-27). El arcángel Miguel, que es como un oficial militar, es el ministro del ejército celestial. Dirige las batallas contra los espíritus malignos y en algunas ocasiones él mismo rompe la línea de combate de las tinieblas (Daniel 10:13-14; 10:21, Judas 1:9; Apocalipsis 12:7-8).

Entre estos ángeles, hay algunos que sirven en forma personal y particular a sus señores. En el Paraíso, el Primer Reino y el Segundo Reino, hay ángeles que algunas veces ayudan a los hijos de Dios, pero no hay ningún ángel que sirva en forma particular e individual a un amo. Hay ángeles que solo cuidan el césped o las flores del camino o los lugares públicos para asegurarse que no haya ningún contratiempo y ángeles que entregan los mensajes de Dios.

Sin embargo, los que residen en el Tercer Reino o en la Nueva Jerusalén, son recompensados con ángeles personales porque han amado y han agradado a Dios en gran manera. Asimismo, el número de ángeles asignados variará de acuerdo al grado en el que se asemeje a Dios y lo haya complacido con obediencia.

Si uno tiene una residencia de gran tamaño en la Nueva Jerusalén, un sinnúmero de ángeles le serán concedidos porque eso significa que el dueño tiene un corazón conforme al de Dios y que ha guiado a muchas almas a la salvación. Habrá ángeles que cuiden la casa, algunos cuidarán las instalaciones y otras cosas que se le hayan otorgado al dueño como recompensas, y otros ángeles le servirán personalmente.

Si va al Tercer Reino, no solo tendrá ángeles que lo sirvan personalmente, sino también ángeles que cuiden su casa y otros que acompañen y ayuden a los visitantes. Estará muy agradecido a Dios por entrar al Tercer Reino, porque Dios lo hará reinar para siempre mientras es servido y atendido por los ángeles, que son su recompensa eterna.

Las magníficas moradas personales de varios pisos

Las casas en el Tercer Reino están decoradas con hermosas flores y árboles de maravillosos aromas, con jardines y lagos. En los lagos hay muchos peces y podrá conversar y compartir su amor con ellos. Asimismo, los ángeles tocarán hermosas melodías y podrán alabar a Dios Padre.

A diferencia de los residentes del Segundo Reino a quienes solo les está permitido tener un objeto o distracción favorita, los habitantes del Tercer Reino podrán poseer cualquier cosa que deseen, como un campo de golf, una piscina, un lago, un lugar para caminar, y otras cosas más. Por eso, uno se podrá divertir cuando lo desee y no tendrá que ir a la casa de su vecino para disfrutar de lo que no tiene.

Las moradas en el Tercer Reino son construcciones de varios pisos y son hermosas, espléndidas y de gran tamaño. Están decoradas de manera tan bella que ningún millonario en este mundo podría ni siquiera imaginar.

Ninguna morada en el Tercer Reino tendrá placas en la puerta de entrada. Las personas conocerán exactamente a quién pertenece la residencia, aunque no tenga nombre en la puerta, debido a la singular fragancia que fluye desde el interior de la mansión y que representa el puro y hermoso corazón del propietario.

Las residencias en el Tercer Reino tendrán diferente aroma y diverso resplandor de luces. Mientras más se asemeje el dueño de la casa al corazón de Dios, más hermoso será el perfume y más brillante será la luz.

Igualmente, en el Tercer Reino, se darán mascotas y aves, que son mucho más hermosas y amorosas que las del Primer o Segundo Reino. Además, los automóviles tipo nube serán para uso de todos, y las personas podrán viajar por todo el infinito Cielo tanto como lo deseen.

Como se ha explicado, en el Tercer Reino se podrá tener y hacer todo lo que uno desee. No podrá imaginarse la vida en este Tercer Reino.

La corona de vida

En Apocalipsis 2:10 hay una promesa referida a 'la corona de vida' que será otorgada a los que han sido fieles al Reino de Dios hasta la muerte.

"No temas en nada lo que vas a padecer. He aquí, el diablo echará a algunos de vosotros en la cárcel, para que seáis probados, y tendréis tribulación por diez días. Sé fiel hasta la muerte, y yo te daré la corona de la vida".

La frase 'sé fiel hasta la muerte' se refiere no solo a ser fiel con fe hasta llegar a ser un mártir, sino también a no comprometerse con el mundo y a santificarse completamente, echando fuera todo pecado hasta derramar sangre. Dios recompensa a los que entran al Tercer Reino con la corona de vida, porque han sido fieles incluso hasta la muerte, y han vencido toda clase de pruebas y aflicciones (Santiago 1:12).

Cuando los moradores del Tercer Reino visitan la Nueva Jerusalén, se ponen una marca redonda en el borde derecho de la corona de vida. Cuando los residentes del Paraíso, del Primer Reino o del Segundo Reino visitan la Nueva Jerusalén, se ponen un signo en la parte izquierda del pecho. Se puede ver, entonces, que la gloria para los moradores del Tercer Reino es diferente.

No obstante, los habitantes de la Nueva Jerusalén están bajo el especial cuidado de Dios, por lo que no necesitan ningún signo para distinguirse. Son tratados de manera excepcional como verdaderos hijos de Dios.

Las moradas en la Nueva Jerusalén

Las residencias en el Tercer Reino son totalmente diferentes en tamaño, belleza y gloria a las moradas en la Nueva Jerusalén.

Por ejemplo: si decimos que la morada más pequeña en la Nueva Jerusalén tiene un área de 100, en el Tercer Reino tendrá 60. Es decir, si la casa más pequeña en la Nueva Jerusalén es de 100.000 metros cuadrados, una vivienda en el Tercer Reino tendría 60.000 metros cuadrados.

No obstante, el tamaño de las moradas variará dependiendo

de lo mucho que se ha esforzado el dueño de la residencia para salvar la mayor cantidad de almas y cómo ha contribuido para la edificación de la iglesia de Dios. Como Jesús dijo en Mateo 5:5: *"Bienaventurados los mansos, porque ellos recibirán la tierra por heredad"*, en función del número de almas que el propietario de la morada guíe al Cielo con corazón humilde y sumiso, se determinará, en consecuencia, el tamaño de la casa en la cual vivirá.

Por eso, hay muchas moradas en el Tercer Reino y en la Nueva Jerusalén de miles de metros cuadrados, pero incluso la casa más grande en el Tercer Reino es mucho más pequeña que una en la Nueva Jerusalén. Además, el tamaño, la forma, la belleza y las piedras preciosas que la decoran son igualmente muy diferentes.

En la Nueva Jerusalén no solo están las doce piedras preciosas de los cimientos, sino también muchas otras. Hay piedras preciosas inmensas de hermosos colores. Hay tantas clases de piedras preciosas que no se pueden contar, y algunas tienen doble o incluso triple resplandor.

Por supuesto, hay muchas piedras preciosas en el Tercer Reino. Sin embargo, a pesar de su variedad, las piedras preciosas del Tercer Reino no se pueden comparar con las de la Nueva Jerusalén. En el Tercer Reino no hay piedras preciosas que tengan doble o triple resplandor. Tienen una luz y un brillo más hermoso que las del Primer o Segundo Reino, donde solamente hay piedras preciosas simples. Incluso el mismo tipo de piedra preciosa es más hermosa en la Nueva Jerusalén que en el Tercer Reino.

Por eso los residentes del Tercer Reino, al permanecer afuera de la Nueva Jerusalén que está llena de la gloria de Dios, la miran y anhelan estar ahí para siempre.

"Si tan solo me hubiera esforzado un poco más y hubiera sido más fiel en la casa de Dios..."

"Si tan solo el Padre llamara mi nombre una vez más..."

"Si tan solo se me invitara una vez más..."

Hay felicidad y belleza inimaginables en el Tercer Reino, pero no se pueden comparar con la Nueva Jerusalén.

¿Quiénes van al Tercer Reino?

Cuando abre su corazón y acepta a Jesucristo como su Salvador personal, el Espíritu Santo entra en su corazón y le redarguye de pecado, de justicia y de juicio, y le enseña la verdad. Cuando obedece la Palabra de Dios, se despoja de toda maldad y se santifica, su alma entonces podrá avanzar al cuarto nivel de fe.

Alguien que llegue al cuarto nivel de fe, amará a Dios y será también amado por Dios, y entrará al Tercer Reino. Entonces, ¿qué clase de personas tienen la fe necesaria para entrar al Tercer Reino de los Cielos?

Santificarse al despojar toda clase de maldad

Durante el Antiguo Testamento las personas no recibían

el Espíritu Santo. Por tanto, en sus propias fuerzas no podían despojarse de los pecados que estaban en lo profundo de su corazón. Por eso se efectuaba la circuncisión física, y a menos que la maldad se manifestara o se expresara en hechos o acciones, no lo consideraban pecado. Aunque uno hubiese pensado en asesinar a alguien, eso no era considerado pecado, en tanto el pensamiento no hubiera producido una acción. Solo cuando el pensamiento se llevaba a cabo se le consideraba pecado.

No obstante, en el Nuevo Testamento, si acepta al Señor Jesucristo, el Espíritu Santo entra en su corazón. A menos que su corazón esté santificado, no podrá entrar al Tercer Reino. Es porque ahora puede circuncidar su corazón con la ayuda del Espíritu Santo.

Por eso, solo podrá entrar al Tercer Reino si se ha despojado de toda maldad como odio, adulterio, codicia y cosas semejantes, y entonces llega a santificarse. Entonces, ¿quiénes tienen un corazón santificado? Son los que tienen el amor espiritual descrito en 1 Corintios 13, los nueve frutos del Espíritu Santo mencionados en Gálatas 5, las Bienaventuranzas descritas en Mateo 5, y quienes reflejan la santidad del Señor.

Por cierto, eso no significa que está en el mismo nivel del Señor. No importa lo mucho que el ser humano se despoje de sus pecados y llegue a santificarse, su nivel será muy diferente al de Dios, quien es el origen de la luz.

Por consiguiente, a fin de santificar su corazón, primero debe hacer de su corazón una buena tierra. Y esto lo consigue haciendo lo que la Biblia le dice que haga y desechando lo que la Biblia le dice que deseche. Solamente entonces, las semillas sembradas producirán buenos frutos. Al igual que el campesino siembra las semillas luego de haber limpiado el terreno, las semillas sembradas en usted brotarán y germinarán, florecerán y llevarán fruto luego que obre de acuerdo a la voluntad de Dios y guarde aquello que Dios le dice que debe guardar.

Por lo tanto, la santificación se refiere al estado o a la condición cuando uno, por el obrar del Espíritu Santo, es limpiado del pecado original y de los pecados que ha cometido, luego de haber nacido de nuevo en agua y en el Espíritu, creyendo en el poder redentor de Jesucristo. Ser perdonado de sus pecados al creer en la sangre de Jesucristo es diferente a despojarse de la naturaleza pecaminosa que está dentro de usted. Para ello, es necesaria la ayuda del Espíritu Santo, orar fervientemente y ayunar en forma periódica.

Aceptar a Jesucristo y convertirse en hijo de Dios no significa que todos los pecados en su corazón han sido completamente eliminados. Aún tiene maldad como odio, orgullo y cosas semejantes, y por eso, es vital el proceso de descubrir esa maldad y de luchar contra esos pecados escuchando la Palabra de Dios (Hebreos 12:4).

Así es como se despoja de las obras de la carne y de la naturaleza pecaminosa y progresa hacia la santificación. La etapa de santificación, que corresponde al cuarto nivel de fe, es cuando se ha sacado de su corazón, no solo las obras de la carne sino también los deseos de su naturaleza pecaminosa.

¿Por qué permitió Dios una prueba tan dura para Job?

A través de la lectura de Santiago 1:12, se puede apreciar que algunas veces Dios permite las pruebas y lo guía a alcanzar la santificación.

"Bienaventurado el varón que soporta la tentación; porque cuando haya resistido la prueba, recibirá la corona de vida, que Dios ha prometido a los que le aman".

En el Antiguo Testamento, Job era justo y recto y Dios lo llegó a calificar como un hombre perfecto, recto, temeroso de Dios y apartado del mal (Job 1:1).

Un día enfrentó una prueba. Perdió a todos sus hijos y también su salud. Job no se quejó en lo absoluto, sino únicamente dio gracias y gloria a Dios. Cuando continuaron las pruebas, sin embargo, comenzó a lamentarse ante Dios, diciendo: "He sido justo y temo a Dios, ¿por qué permite Él este sufrimiento?"

La pregunta es: ¿Por qué permitió Dios que Job, de quien había dicho que era un hombre justo, perfecto y recto, enfrentara esta prueba? Al igual que un artesano desea que su joya sea pura y perfecta, Dios deseaba moldear a Job por medio de esta prueba y hacer de él una vasija mucho más hermosa.

Aunque era un hombre perfecto y recto, Job desconocía que aún tenía en su naturaleza pecado. Por eso, Dios permitió que enfrentara esta prueba a fin de santificarlo completamente. Luego de eso, tras ser aprobado, Dios bendijo a Job dándole el doble de lo que había tenido antes.

Santificación solo después de despojarse de los pecados en su naturaleza

¿Cuáles son entonces los pecados en nuestra naturaleza? Son todos los pecados que han sido transmitidos a través de las semillas de los padres de cada ser humano desde la desobediencia de Adán. Por ejemplo: se puede ver que incluso un bebé, que no tiene aún un año de edad, ya tiene una mente malvada. Aunque su madre jamás le ha enseñado algo malo, como odiar o tener celos, este niño se enojará y reaccionará mal si su madre le da de lactar al bebé del vecino. Incluso tratará de empujar a ese niño y empezará a llorar, lleno de amargura, si el bebé no se aleja de su madre.

De igual manera, la razón por la que incluso un bebé manifiesta estos actos o hechos de maldad, aunque no los haya aprendido antes, es debido a que hay pecado en su naturaleza. También los pecados que uno ha cometido se revelan y manifiestan en acciones o actos físicos, que obedecen a los deseos pecaminosos del corazón.

Por supuesto, si es santificado del pecado original, es obvio que podrá despojarse de sus pecados personales porque la raíz del pecado ha sido extirpada. Por lo tanto, el hecho de nacer de nuevo espiritualmente es el inicio de la santificación, y la santificación perfecciona el nuevo nacimiento. En consecuencia, si ha nacido de nuevo, confío en que viva una vida cristiana próspera, dichosa y feliz a fin de alcanzar su completa santificación.

Si realmente desea santificarse y recobrar la imagen de Dios y hace todo lo que esté a su alcance por lograrlo, entonces por la gracia y el poder de Dios y con la ayuda del Espíritu Santo podrá despojarse del pecado en su naturaleza. Es mi deseo que refleje el corazón santo de Dios como Él Mismo nos lo exhorta en 1 Pedro 1:16, que cita: *"Sed santos, porque yo soy santo"*.

Ser santificado pero no fiel en toda la casa de Dios

Dios me dio una revelación espiritual de una hermana que había fallecido y que estaba calificada para entrar al Tercer Reino de los Cielos. La puerta de su casa está decorada con arcos de perlas porque cuando estaba en la Tierra perseveraba en la oración con quebranto y lágrimas de lamento y dolor. Fue una creyente muy fiel que clamaba constantemente con lágrimas por el reino de Dios y Su justicia, por su iglesia, sus ministros y sus hermanos en Cristo.

Antes que recibiera al Señor, esta hermana era tan pobre y desdichada que nunca llegó a tener una sola joya de oro. Luego de aceptar al Señor, ella pudo alcanzar la santificación porque obedeció la verdad luego de haberla entendido, al escuchar la Palabra de Dios.

Asimismo, cumplió bien sus deberes porque había recibido instrucción por parte de un ministro al que Dios ama mucho y a quien ella servía bien. Por ello, pudo llegar a un lugar mejor, más resplandeciente y más glorioso en el Tercer Reino.

Más aún, una piedra preciosa muy resplandeciente de la Nueva Jerusalén será colocada en la puerta de su casa. Esta piedra preciosa se la ha concedido el ministro a quien ella ha servido en este mundo. Él tomará una de las piedras preciosas de su sala y la pondrá en la puerta de entrada cuando la vaya a visitar. Esta piedra preciosa será la señal de que el ministro a quien ella sirvió en este mundo la extrañará porque ella no podrá entrar en la Nueva Jerusalén a pesar de haber servido bien en la Tierra. Muchas personas en el Tercer Reino anhelarán esta piedra preciosa.

Sin embargo, ella aún se siente triste por no haber entrado a la Nueva Jerusalén. Si hubiese tenido la fe suficiente para entrar a la Nueva Jerusalén, podría haber estado con el Señor, con el ministro a quien sirvió en este mundo y con otros amados hermanos de su iglesia. Si hubiera sido un poco más fiel en este mundo, podría haber llegado a la Nueva Jerusalén, pero debido a su desobediencia, perdió la oportunidad cuando se le presentó.

No obstante, está muy agradecida y profundamente conmovida por la gloria otorgada en el Tercer Reino y declara lo siguiente ya que solo tiene palabras de agradecimiento porque ha sido recompensada con cosas preciosas, ninguna de las cuales podía haber obtenido por sus propios méritos.

"Aunque no pude entrar a la Nueva Jerusalén que está llena de la gloria del Padre porque no fui perfecta en todo, tengo mi casa en este hermoso Tercer Reino. Mi casa es muy grande y hermosa. Aunque no es realmente grande comparada con las mansiones en la Nueva Jerusalén, me han dado muchas cosas espléndidas y maravillosas que en el mundo ni siquiera pude imaginar.

No he hecho nada. No he dado nada. No he hecho nada realmente útil. En realidad no he hecho nada que pudiera dar gozo ni alegría al Señor. Aún así, la gloria que tengo aquí es tan grande que solamente puedo

estar agradecida y arrepentida. Doy gracias a Dios por haberme dado esta morada de mayor gloria, en el Tercer Reino".

Personas con la fe de un mártir

Así como aquel que ama bastante a Dios y llega a santificar su corazón puede entrar al Tercer Reino, usted podrá alcanzar al menos el Tercer Reino si tiene la fe de un mártir que llega a sacrificar todo, incluso su vida, por Dios.

Los miembros de las primeras iglesias cristianas que mantuvieron su fe aunque fueron decapitados o devorados por leones en el Coliseo romano, o quienes llegaron a ser quemados, recibirán en el Cielo la recompensa de un mártir. No es fácil llegar a ser mártir, porque se debe soportar las más severas persecuciones y amenazas.

Actualmente hay muchas personas que no guardan el Día del Señor como un día santo y que tampoco asisten a las reuniones en la iglesia por su amor al dinero. Esta clase de personas, que no pueden obedecer en algo tan pequeño, nunca podrán mantener ni guardar su fe en una situación en la que su vida se vea amenazada, y mucho menos, llegarán a ser mártires.

¿Qué clases de personas tienen la fe de un mártir? Son aquellos que tienen un corazón recto, invariable y constante como el de Daniel, en el Antiguo Testamento. Los que son de doble ánimo y buscan su propio beneficio, comprometiéndose con el mundo, no tienen la más mínima oportunidad de llegar a ser mártires.

Los que verdaderamente se convierten en mártires deben tener un corazón invariable como el de Daniel. Él guardó la integridad de su fe sabiendo muy bien que podía ir al foso de los leones. El mantuvo su fe, incluso hasta el último momento cuando fue echado al foso de los leones por intriga de gente malvada. Daniel nunca se alejó, ni se apartó de la verdad, porque su corazón era limpio y puro.

Es el mismo caso de Esteban en el Nuevo Testamento. Él fue apedreado hasta morir, mientras estaba predicando el evangelio del Señor. Esteban fue también un hombre santificado, que incluso llegó a orar por aquellos que lo estaban apedreando aunque era inocente. ¿Se imaginan cuánto lo amará el Señor? Caminará con el Señor para siempre en el Cielo y su belleza y gloria serán extraordinarias. Por eso, debe entender lo importante que es alcanzar la justicia y la santificación del corazón.

Hoy hay muy pocos que tienen verdadera fe. Incluso Jesús llegó a preguntar: *"Cuando el Hijo del Hombre venga, ¿Hallará fe en la tierra?"* (Lucas 18:8).

¡Cuán grandioso sería para el Señor si usted llegara a ser un hijo santificado de Dios, guardando la fe y desechando toda clase de maldad, aun en este mundo lleno de pecado!

Es mi oración y deseo en el nombre del Señor que usted santifique rápidamente su corazón orando ferviente e intensamente, buscando y esperando la gloria y las recompensas que Dios Padre le otorgará en el Cielo.

ᐱ Capítulo 10 ᐱ

La Nueva Jerusalén

"Y yo Juan vi la santa ciudad, la Nueva Jerusalén, descender del cielo, de Dios, dispuesta como una esposa ataviada para su marido".

- Apocalipsis 21:2

En la Nueva Jerusalén, que es el lugar más bello en el Cielo y que es lleno de la gloria de Dios, se encuentra el Trono de Dios, los castillos del Señor y del Espíritu Santo y las moradas de las personas que han agradado a Dios en sobremanera por su nivel de fe.

Las mansiones en la Nueva Jerusalén han sido preparadas de la forma más bella posible para que sus futuros dueños y señores anhelen estar ahí. A fin de entrar a la Nueva Jerusalén, que es tan resplandeciente y hermosa como el cristal y poder compartir para siempre el verdadero amor con Dios, usted no solo debe asemejarse al corazón santo de Dios, sino también debe cumplir completamente sus deberes, tal como lo hizo el Señor Jesús.

Ahora bien, ¿qué clase de lugar es la Nueva Jerusalén y quiénes van ahí?

Las personas en la Nueva Jerusalén ven a Dios cara a cara

La Nueva Jerusalén, también llamada la Santa Ciudad, es tan bella como una novia que se ha preparado para su amado esposo. Los que viven allí tienen el privilegio de ver a Dios cara a cara porque Su Trono se encuentra ahí.

También se le llama la 'Ciudad de Gloria' porque cuando entra a la Nueva Jerusalén recibirá para siempre la gloria de Dios. Los muros y las paredes están hechos de jaspe y el castillo está hecho de oro puro, que es tan resplandeciente como el cristal. Tiene tres puertas en cada uno de los cuatro lados: norte, sur, este y oeste, y un ángel guarda cada entrada. Los doce cimientos del castillo están hechos con doce clases diferentes de piedras preciosas.

Las doce puertas de perlas de la Nueva Jerusalén

¿Por qué hay doce puertas o entradas hechas de perlas en la Nueva Jerusalén? Le toma mucho tiempo a una ostra formar una perla, y para ello utiliza todo su sumo. De la misma forma, debe despojarse de todo pecado, resistiendo al punto de derramar sangre y debe ser fiel a Dios con paciencia y dominio propio hasta la muerte. Dios ha hecho las puertas de perlas para que usted supere con gozo sus circunstancias y cumpla los deberes que Dios le ha dado aunque esté yendo por el camino angosto.

Por eso, cuando una persona entra a la Nueva Jerusalén y pasa por estas puertas de perlas, llora de gozo y emoción. Da gracias y gloria a Dios que lo ha guiado a la Nueva Jerusalén.

¿Por qué ha hecho Dios los doce cimientos con doce piedras preciosas diferentes? Porque la combinación del significado de las doce piedras preciosas representa el corazón del Señor y del Padre.

Por eso, es importante saber y entender el significado espiritual de cada joya y alcanzar en su corazón cada uno de estos significados espirituales para entrar a la Nueva Jerusalén. Le explicaré en detalle estos significados en el libro *CIELO II: Lleno de la Gloria de Dios.*

La perfecta unidad y pluralidad de las mansiones en la Nueva Jerusalén

Las moradas en la Nueva Jerusalén son como castillos en tamaño y magnificencia. Cada una es única de acuerdo a las preferencias de su propietario y guarda una perfecta unidad y diversidad. Además, los variados colores y luces que emanan las piedras preciosas le hacen sentir una gloria indescriptible.

Los moradores podrán reconocer cada residencia y a sus dueños tan solo mirando. Podrán saber lo mucho que agradó el dueño a Dios en la Tierra, tan solo al mirar la luz de gloria y de las piedras preciosas que decoran la casa.

Por ejemplo: la casa de alguien que en este mundo llegó a ser mártir, tendrá adornos y llevará un registro de sus logros y obras hasta el día de su muerte. Este registro estará tallado en una placa de oro y brillará resplandecientemente. Su texto sería: "El propietario de esta morada llegó a ser un mártir y cumplió la voluntad del Padre en el día __ del mes de ___ del año _____".

Incluso desde la entrada se podrá ver el brillo de la luz que emana la placa dorada donde están registrados los hechos y obras del dueño, y todos aquellos que lo vean se inclinarán. Llegar a ser mártir es una gloria y una recompensa muy grande, y es igualmente, un gozo y una dicha para Dios.

Debido a que no hay maldad en el Cielo, las personas automáticamente se inclinarán de acuerdo a la medida con que Dios las ha amado. Asimismo, tal como se otorgan placas de agradecimiento o por servicios distinguidos para celebrar grandes acontecimientos, Dios también concede una placa a cada uno reconociéndolo por haberle dado gloria. Podrá ver que las luces y los aromas diferirán en función del tipo de placa.

Además, Dios proveerá algo parecido a una televisión en las moradas con lo que podrán recordar sus vidas en la Tierra. Por cierto, también en el Cielo se podrán observar eventos del pasado de este mundo.

Las coronas de oro y de justicia

Si llega a la Nueva Jerusalén, básicamente le será otorgada una morada personal y una corona de oro. La corona de justicia le será concedida de acuerdo a sus obras o hechos. Esta última es la corona más hermosa y gloriosa en el Cielo.

Dios Mismo otorga la corona de oro para aquellos que entran a la Nueva Jerusalén, y alrededor del Trono de Dios están los veinticuatro ancianos con sus coronas de oro.

"Y alrededor del trono había veinticuatro tronos; y vi sentados en los tronos a veinticuatro ancianos, vestidos

de ropas blancas, con coronas de oro en sus cabezas"
(Apocalipsis 4:4).

Al hablar de 'ancianos' no se refiere al título que se da en las iglesias de la Tierra, sino a los que son justos ante Dios y que son reconocidos por Él. Aquellos que han alcanzado la santidad y han guardado sus corazones como un templo para Dios, tanto interior como exteriormente.

El hecho de 'guardar su corazón como un templo' se refiere a llegar a ser una persona de espíritu, desechando todo tipo de maldad. 'Alcanzar el santuario visible' significa realizar íntegramente las obligaciones y deberes en esta Tierra.

El número 'veinticuatro' representa a todos los que han alcanzado la salvación por fe como las doce tribus de Israel y quienes han llegado a santificarse como los doce discípulos del Señor Jesús. En consecuencia, 'los veinticuatro ancianos' se refiere a los hijos de Dios, que son reconocidos por Dios y que son fieles en toda Su casa.

Por eso, aquellos que tienen una fe como el oro que nunca cambia, recibirán la corona de oro y los que anhelan la venida del Señor como el Apóstol Pablo recibirán la corona de justicia.

"He peleado la buena batalla, he acabado la carrera, he guardado la fe. Por lo demás, me está guardada la corona de justicia, la cual me dará el Señor, juez justo, en aquel día; y no sólo a mí, sino también a todos los que aman su venida" (2 Timoteo 4:7-8).

Los que anhelan la venida del Señor obviamente vivirán en la luz y en la verdad y llegarán a ser vasijas bien dispuestas y preparadas, y serán las novias del Señor. Por eso, recibirán las coronas que les correspondan.

El Apóstol Pablo nunca estuvo abrumado ni abatido por ninguna persecución o aflicción, sino solamente procuraba extender el Reino de Dios y llevar a cabo Su justicia en todo lo que hacía.

Dondequiera que iba, manifestaba y mostraba la gloria de Dios con su trabajo, labor y perseverancia. Por eso, Dios ha dispuesto para el Apóstol Pablo la corona de justicia. Y se la dará a todos los que como él, anhelen la venida del Señor.

Todo deseo de su corazón le será concedido

Lo que quería hacer y no lo pudo hacer en este mundo; lo que le gustaba hacer pero tuvo que dejarlo por el Señor, en la Nueva Jerusalén Dios le recompensará con todas esas cosas.

Por eso, las moradas en la Nueva Jerusalén tienen todo lo que pueda haber deseado tener, para que pueda hacer todo lo que deseó hacer. Algunas residencias tienen lagos para que sus dueños puedan pasear en bote y otras tienen un bosque por el cual pueden caminar. También podrán disfrutar de un momento agradable hablando con sus seres queridos sentados alrededor de una mesa de té en un hermoso jardín. Hay moradas con praderas cubiertas de césped y de flores para que pueda caminar o cantar alabanzas con diferentes aves y hermosos animales.

De esta forma, Dios ha hecho el Cielo con todo lo que

pudiera desear en la Tierra sin que falte ni una sola cosa. Cuando vea todas las cosas que Dios ha preparado con tanto cuidado y esmero para usted. ¿No se sentirá conmovido por ello?

De hecho, tan solo entrar a la Nueva Jerusalén es en sí motivo de gozo. Vivirá para siempre en constante felicidad y gloria. Estará lleno de gozo y de emoción cuando mire el campo y los jardines, cuando mire el Cielo o donde quiera que dirija su mirada.

Sentirá paz, consuelo y seguridad tan solo por estar en la Nueva Jerusalén porque Dios la ha hecho para Sus hijos, a quienes verdaderamente ama, y cada rincón de esta ciudad estará lleno de Su amor.

Por eso, cualquier cosa que haga, sea que camine, descanse, juegue, coma o converse con otra persona, lo colmará de felicidad, gozo y alegría. Los árboles, las flores, el césped, incluso los animales, serán cariñosos y amables, y de los muros del castillo, de los decorados y adornos y hasta de las instalaciones de las casas, se sentirá el esplendor de la gloria.

En la Nueva Jerusalén, el amor a Dios Padre es como un manantial y usted será lleno de felicidad, agradecimiento y gozo eterno.

Ver a Dios cara a cara

En la Nueva Jerusalén, donde el nivel de gloria, belleza y felicidad es mayor que en cualquier otro lugar, podrá encontrarse cara a cara con Dios y caminar con el Señor y podrá también vivir para siempre con sus seres amados.

Asimismo, será admirado, no solo por los ángeles y por las

huestes celestiales, sino también por todos los habitantes del Cielo. Más aún, sus ángeles personales le servirán como a un rey, cumpliendo todos sus deseos y necesidades a la perfección. Si desea volar en el Cielo, su automóvil tipo nube personal vendrá y se parará justo frente a sus pies. Tan pronto entre en la nube automóvil, podrá volar por el Cielo tanto como lo desee o podrá conducir a través del campo.

Por tanto, si llega a la Nueva Jerusalén, podrá ver cara a cara a Dios, vivir eternamente con sus seres amados, y en un instante le serán concedidos todos sus deseos. Podrá tener todo lo que anhele, y también será tratado como un príncipe o una princesa de un cuento de hadas.

Participar de los banquetes en la Nueva Jerusalén

En la Nueva Jerusalén siempre hay banquetes. Algunas veces Dios Padre es el anfitrión de estos ágapes, otras veces lo es el Señor o el Espíritu Santo. En estos banquetes podrá percibir muy bien el gozo y la alegría de la vida celestial. También verá la abundancia, libertad, belleza, gozo y júbilo que hay en la Nueva Jerusalén.

Cuando participa en los banquetes que ofrece el Padre, se pondrá su mejor vestido y sus mejores alhajas, comerá y beberá los mejores manjares y bebidas. También disfrutará de una agradable, exquisita y hermosa música de alabanzas y danzas. Podrá observar a los ángeles danzar, o algunas veces podrá danzar usted mismo para agradar a Dios.

Los ángeles son más hermosos y más perfectos en cuanto a la técnica de la danza, pero Dios se agrada más con el aroma de Sus hijos que conocen Su corazón y lo aman de todo corazón.

Aquellos que han servido en los cultos de adoración a Dios en la Tierra, también servirán en esos banquetes para hacerlos más gloriosos, y los que han alabado a Dios con cánticos, danzas y tocando algún instrumento, harán lo mismo en los convites celestiales.

Llevará puesto un suave, agradable y cómodo vestido con muchos diseños, una maravillosa corona y adornos de piedras preciosas de brillantes luces. Además estará conduciendo un automóvil tipo nube o un carruaje dorado escoltado por ángeles que asisten a los banquetes. ¿Acaso su corazón no palpita de gozo y de expectativa simplemente al imaginar todo esto?

Un festival en crucero en el mar de cristal

El hermoso mar del Cielo fluye como un cuerpo transparente y limpio de agua que es como el cristal sin ninguna mancha ni mácula. El agua del mar azul, suavemente ondea con la brisa y brilla resplandecientemente. Una gran variedad de peces nadan en el agua que es transparente, y cuando las personas se les aproximan, les dan la bienvenida moviendo sus aletas, manifestando así su amor.

Asimismo, corales de muchos colores forman grupos y se balancean. Cada vez que oscilan, lanzan luces de hermosos colores. ¡Qué maravillosa vista! Hay muchas islas pequeñas en el mar que se ven maravillosas. Además, cruceros como 'el Titanic' navegan alrededor y en sus cubiertas también se celebran banquetes.

Estos cruceros están equipados con toda clase de

comodidades, incluyendo confortables alojamientos, salones de bolos, piscinas y salones de danza para que los pasajeros puedan disfrutar de todo lo que deseen.

Tan solo imaginarse la algarabía de las fiestas que se celebrarán con el Señor y con sus seres amados en estas naves, que son espléndidas y que están mucho mejor decoradas que cualquier otro crucero de lujo de este mundo, le hará sentir un gran gozo.

¿Quiénes van a la Nueva Jerusalén?

Los que tienen una fe como el oro, que anhelan la venida del Señor y que se han preparado como la novia del Señor, entrarán a la Nueva Jerusalén. ¿Quiénes entran a la Nueva Jerusalén, que es tan resplandeciente y hermosa como el cristal y que está llena de la gloria de Dios?

Las personas con la fe que agrada a Dios

La Nueva Jerusalén es el lugar para aquellos que están en el quinto nivel de fe, quienes no solo han santificado completamente su corazón, sino que además han sido fieles en toda la casa de Dios.

La fe que agrada a Dios es la fe que lo complace en todo. Por eso, Él anhela cumplir y responder, antes de que se lo pidan, las peticiones y deseos de estos hijos.

Entonces, ¿Cómo podrá agradar a Dios? Le voy a dar un ejemplo: digamos que un padre regresa del trabajo a casa, y le dice a sus dos hijos que tiene sed. El primer hijo, que sabe que a su padre le gusta la gaseosa le trae un vaso con Coca-Cola o Sprite. Además, le da un masaje aunque no se lo haya pedido.

Por otro lado, el segundo hijo, solo le trae un vaso con agua y regresa a su habitación. ¿Cuál de los dos hijos conoce más el corazón de su padre y le complace más?

El padre debe haberse sentido mucho más complacido con el hijo que le trajo el vaso con el refresco que le gusta y que le dio un masaje aun sin habérselo pedido, en vez del hijo que tan solo le trajo el vaso de agua para obedecer su orden.

De la misma forma, la diferencia entre aquellos que entran al Tercer Cielo y a la Nueva Jerusalén radica en el grado y en la medida en la que han agrado al corazón de Dios Padre y han sido fieles conforme a Su voluntad.

Las personas de espíritu perfecto con un corazón conforme al del Señor

Aquellos que tienen la fe que agrada a Dios llenan sus corazones solo con la verdad y son fieles en la casa de Dios. Ser fiel en toda la casa del Señor significa cumplir sus deberes y obligaciones más allá de lo que se espera de uno con la misma fe de Cristo, quien obedeció la voluntad de Dios hasta la muerte, no teniendo en cuenta su propia vida.

Por eso, los que son fieles en toda la casa de Dios no hacen sus labores ni ocupaciones según su propio criterio o pensamiento, sino solo según el corazón del Señor, es decir, con un corazón espiritual.

Pablo, refiriéndose a Jesús, escribe en Filipenses 2:6-8: *"El cual, siendo en forma de Dios, no estimó el ser igual a Dios como cosa a que aferrarse, sino que se despojó a sí mismo, tomando forma de siervo, hecho semejante a los hombres; y estando en la condición de hombre, se humilló a sí mismo, haciéndose obediente hasta la muerte, y muerte de cruz".*

En retribución, Dios lo exaltó al máximo, le dio un nombre sobre todo nombre, lo hizo sentar a la diestra del Trono de Dios con gloria y le dio autoridad como 'Rey de reyes' y 'Señor de señores'.

De esta manera, así como Jesús, usted tiene el poder para obedecer incondicionalmente la voluntad de Dios y tener la fe necesaria para entrar a la Nueva Jerusalén. Por lo tanto, aquél que entre en la Nueva Jerusalén, podrá entender incluso lo más profundo del corazón de Dios. Esta clase de persona agradará a Dios porque será fiel hasta la muerte por cumplir y obedecer la voluntad de Dios.

Dios pule y perfecciona a Sus hijos para enseñarles a tener una fe como el oro y así poder llegar a la Nueva Jerusalén. Al igual que un minero, por mucho tiempo, lava y escurre el agua en busca de oro, Dios mantiene fijos Sus ojos en Sus hijos conforme van transformándose en hermosas almas y lavan sus pecados con Su Palabra. Siempre que encuentra hijos que tienen una fe como el oro, Dios se regocija por sobre todo dolor, agonía y lamento que ha sufrido y sobrellevado para cumplir y completar el propósito de la formación y cultivo del ser humano.

Aquellos que entran a la Nueva Jerusalén son los verdaderos hijos que Dios ha adquirido, esperando que moldearan su corazón conforme al corazón del Señor y alcanzaran el espíritu completo.

Por eso, la Biblia en 1 Tesalonicenses 5:23 nos exhorta: *"Y el mismo Dios de paz os santifique por completo; y todo vuestro ser, espíritu, alma y cuerpo, sea guardado irreprensible para la venida de nuestro Señor Jesucristo"*.

Las personas que han cumplido con gozo su deber y misión como mártires

Un mártir es aquel que ofrece su propia vida. Por eso, se requiere de una firme determinación y una gran devoción. La gloria, el consuelo y el bienestar que se recibe después de haber dado su vida, como lo hizo Jesús, para cumplir la voluntad de Dios, van más allá de lo que se pueda imaginar.

Por supuesto, todo aquel que entre al Tercer Reino o a la Nueva Jerusalén, tendrá la fe para llegar a ser mártir. Sin embargo, el que de hecho se convierte en mártir recibe una gloria mucho mayor. Si no se presenta la ocasión de ser mártir, deberá tener el corazón de un mártir, completar su santificación y cumplir con sus deberes y obligaciones para recibir la recompensa de un mártir.

Una vez Dios me mostró la gloria de un ministro de mi iglesia que residirá en la Nueva Jerusalén una vez que cumpla satisfactoriamente con su deber de mártir.

Cuando llegue al Cielo, después de cumplir con su servicio y deber, llorará de agradecimiento por el amor de Dios al contemplar su morada. En la entrada de su casa habrá un inmenso jardín con muchas clases de flores, árboles y otros arreglos. Desde el jardín al edificio principal se extiende un camino de oro y las flores alaban los logros de su dueño y lo alegran y consuelan con bellos aromas y fragancias.

Además de esto, aves con plumas doradas resplandecerán como luces y hermosos árboles se levantarán erguidos en el jardín. Numerosos ángeles, animales, e incluso las aves del Cielo alabarán los hechos del mártir y le darán la bienvenida, y cuando camine por el sendero de flores, su amor para el Señor se convertirá en un hermoso aroma. Constantemente expresará su agradecimiento de corazón.

"¡El Señor en verdad me amó mucho y por eso me dio una preciosa misión! ¡Por eso ahora puedo permanecer en el amor del Padre!"

Dentro de la casa, muchas piedras preciosas decorarán las paredes y una luz carmesí, roja como la sangre, y una de zafiro, serán extraordinarias. El carmesí indica que logró dar su vida con entusiasmo y con amor apasionado, como lo hizo el Apóstol Pablo. El zafiro representa su indeclinable, invariable y recto corazón así como su integridad para mantener la verdad hasta la muerte. Eso es para recordar su martirio.

En los muros exteriores habrá una inscripción escrita por Dios Mismo. Registra los momentos de prueba del dueño, cuándo y cómo llegó a ser mártir y en qué clase de circunstancias cumplió la voluntad de Dios.

Cuando las personas de fe llegan a ser mártires, alaban o glorifican a Dios. Todo eso está escrito en este muro. La inscripción resplandece tan brillante que usted se quedará totalmente impresionado y lleno de felicidad al leerla y al observar cómo las luces salen de ella. ¡Qué impresionante será que Dios, el origen y la luz misma, haya grabado esta inscripción! Por eso, todo aquel que visite su morada se inclinará frente a aquellas inscripciones escritas por Dios Mismo.

En las paredes interiores habrá varias mamparas grandes con diversas clases de murales o pinturas. Los dibujos explican cómo actuó y vivió el dueño desde que aceptó al Señor, cuánto amó al Señor y el tipo de obras y de hechos que hizo además del corazón que tuvo al hacerlos.

Además, en una esquina del jardín habrá diversas clases de artículos deportivos hechos con maravillosos materiales y con accesorios que son inimaginables en este mundo. Dios los ha hecho para complacerlo, porque sabe que le agradaban mucho los deportes, y que había dejado de practicarlos por el ministerio. Las pesas no son hechas de ningún metal parecido al acero, sino son hechas por Dios con decoraciones especiales de piedras preciosas que brillan hermosamente.

Tienen diferente peso dependiendo de quién las esté utilizando. Estos equipos no son usados para mantenerse en forma, sino como recuerdo.

¿Se imaginan cómo se sentirá observando todas estas cosas que Dios le ha preparado? Ha tenido que dejar de lado sus anhelos por el Señor pero ahora su corazón es consolado y está muy agradecido por el amor de Dios Padre.

No podrá dejar de dar gracias y de alabar con lágrimas a Dios, por Su delicado y amoroso corazón, que ha preparado todo lo que siempre había deseado, sin dejar pasar el mínimo deseo de su corazón.

Las personas unidas al Señor y a Dios con toda su vida

En la Nueva Jerusalén Dios me mostró que hay una morada tan grande como una gran ciudad. Fue tan asombroso que me quedé sorprendido por su tamaño, belleza y esplendor.

La mansión de extraordinario tamaño tiene doce puertas o entradas: tres puertas al norte, al sur, al este y al oeste. En el centro hay un gran castillo de tres pisos, decorado con oro puro y con toda clase de piedras preciosas.

En el primer piso, hay un salón tan grande que no se puede ver un extremo del otro, y hay infinidad de otras salas. Todas éstas son usadas para banquetes o como ambientes para reuniones. En el segundo piso están las habitaciones para guardar y exhibir las coronas, las vestimentas y los recuerdos, y también hay áreas para recibir a los profetas. El tercer piso es usado exclusivamente para reuniones con el Señor y para compartir momentos de amor con Él.

Alrededor del castillo hay muros de flores de exquisitas fragancias. El Río del Agua de Vida fluye tranquilamente alrededor del castillo, y por sobre el río, hay puentes de nubes en forma de arcos con los colores del arcoíris.

En el jardín la gran variedad de flores, árboles y césped hacen que el paisaje sea de una belleza perfecta. Al otro lado del río hay un inmenso bosque que uno no puede imaginar.

Hay también un parque de entretenimiento con muchos juegos como el tren de cristal, paseos en el barco vikingo de oro y otros juegos decorados con piedras preciosas. Bellas luces salen de estos juegos siempre que están en funcionamiento. Detrás del parque de diversiones hay un camino ancho de flores, y sobre este hay una planicie donde los animales juegan y descansan apaciblemente como en las praderas de la Tierra.

Además de esto, hay muchas residencias y edificios que están decorados con diversas clases de piedras preciosas, con un hermoso resplandor y luces indescriptibles alrededor de toda el área. Junto al jardín hay también una catarata y detrás del montículo se ve el mar en donde navegan inmensos barcos cruceros como el 'Titanic'.

Todo esto forma parte de una morada en especial en la Nueva Jerusalén. Ahora tendrá una ligera idea de lo grande y espaciosa que es esta mansión.

Esta morada es tan grande como una ciudad y es un lugar de turismo en el Cielo y atrae a muchas personas, no solo de la Nueva Jerusalén sino también de todo el Cielo. Las personas se divierten y disfrutan y comparten el amor de Dios. Asimismo, infinidad de ángeles sirven al dueño, cuidan de los edificios y de las instalaciones, acompañan y escoltan los automóviles tipo nube y alaban a Dios con danzas y tocando instrumentos musicales. Todo está dispuesto para su mayor felicidad y comodidad.

Dios ha preparado esta residencia porque el propietario ha superado todo tipo de pruebas y obstáculos con fe, esperanza y amor, y ha guiado a muchas personas al camino de la salvación con la palabra de vida y el poder de Dios, amando a Dios por sobre todas las cosas.

De la misma forma, el Dios de amor, que recuerda todo

el esfuerzo y las lágrimas de uno y que retribuye a cada uno conforme a lo que ha hecho, desea que todos estén juntos con Él y con el Señor, con un amor dador de vida, y que lleguen a ser siervos espirituales para guiar a infinidad de almas al camino de la salvación.

Aquellos que tienen la fe que agrada a Dios podrán estar unidos con Él y con el Señor por sus vidas consagradas por amor, porque no solo reflejan el corazón del Señor y tienen un espíritu perfecto, sino también, porque han entregado sus vidas para convertirse en mártires. Estas personas aman verdaderamente a Dios y al Señor. Aunque no hubiera Cielo, no se lamentarían ni considerarían una pérdida lo que han dejado de disfrutar y de ganar en este mundo. Sus corazones estarán felices y gozosos por haber obrado y vivido de acuerdo a la Palabra de Dios y por haber trabajado para el Señor.

Desde luego, los que tienen verdadera fe viven esperando las recompensas que el Señor les dará en el Cielo, tal como cita Hebreos 11:6 que dice: *"Pero sin fe es imposible agradar a Dios; porque es necesario que el que se acerca a Dios crea que le hay, y que es galardonador de los que le buscan"*.

No obstante, a ellos no les importa que haya Cielo o recompensas, porque hay algo más precioso. Se sienten más dichosos que cualquier otra persona por el hecho de estar junto a Dios Padre y al Señor, a quienes aman con todo el corazón. Por eso, no estar junto a Dios y al Señor será una mayor desdicha, desgracia y tristeza que no recibir recompensas ni vivir en el Cielo.

Aquellos que muestran su constante y eterno amor a Dios y

al Señor entregando sus vidas, aunque no hubiera Cielo, estarían unidos con el Padre y con el Señor, su Novio, a través de su vida entregada como sacrificio por amor. ¡Cuán grandes serán la gloria y las recompensas que Dios ha preparado para ellos!

El Apóstol Pablo, quien anheló la presencia y el regreso del Señor y se esforzó en la obra del Señor y llevó a tantas almas a la salvación, confesó lo siguiente:

> *"Por lo cual estoy seguro de que ni la muerte, ni la vida, ni ángeles, ni principados, ni potestades, ni lo presente, ni lo por venir, ni lo alto, ni lo profundo, ni ninguna otra cosa creada nos podrá separar del amor de Dios, que es en Cristo Jesús Señor nuestro"* (Romanos 8:38-39).

La Nueva Jerusalén, que es tan resplandeciente y hermosa como el cristal, es el lugar para los hijos de Dios que están unidos con Dios Padre, a través de esta clase de amor. Allí habrá una inimaginable e interminable felicidad y gozo, y está siendo preparada de esta manera.

El Padre, Dios de amor, desea y anhela que todos obtengan no solo salvación, sino que también reflejen Su santidad y perfección para que puedan llegar a la Nueva Jerusalén.

Los bendigo en el nombre del Señor Jesucristo para que lleguen a entender que el Señor, quien fue al Cielo para preparar una morada para usted, volverá muy pronto, y entendiendo eso, alcancen el espíritu perfecto y se mantengan sin mancha y puros y así lleguen a ser la hermosa novia que pueda declarar: "Ven pronto, Señor Jesús".

ACERCA DEL AUTOR:
Dr. Jaerock Lee

El Rev. Dr. Jaerock Lee nació en 1943 en Muan, Provincia de Jeonnam, República de Corea. A sus veinte años, él padeció de una serie de enfermedades incurables durante siete años, y al no tener ninguna esperanza de recuperación, él esperaba únicamente la muerte. Cierto día, durante la primavera de 1974, fue invitado por su hermana a una iglesia, y cuando se inclinó para orar, el Dios vivo inmediatamente lo sanó de todas sus enfermedades.

Desde el momento en que el Rev. Dr. Lee conoció a Dios a través de aquella experiencia maravillosa, él ha amado a Dios con todo su corazón y sinceridad. En 1978 él recibió el llamado a ser un siervo de Dios. Clamó fervientemente a fin de entender con claridad la voluntad de Dios y llevarla a cabo por completo, y obedeció a cabalidad la Palabra de Dios. En 1982 fundó la Iglesia Central Manmin en Seúl, Corea del Sur, e innumerables obras de Dios, incluyendo sanidades o prodigios milagrosos, han tomado lugar en la iglesia.

En 1986 el Rev. Dr. Lee fue ordenado como pastor en la Asamblea Anual de la Iglesia de Jesús de Sungkyul de Corea, y cuatro años más tarde sus sermones empezaron a ser transmitidos en Australia, Rusia, las Filipinas, y otros lugares a través de la Compañía de Radiodifusión del Lejano Oriente, la Estación de Radiodifusión de Asia, y el Sistema Radial Cristiano de Washington.

Luego de transcurridos tres años, en 1993, la Iglesia Central Manmin fue denominada por la Revista *Christian World* de EE. UU. como una de las '50 Iglesias Principales del Mundo'. El mismo año el Dr. Lee obtuvo un Doctorado Honorario en Teología en Christian Faith College, Florida, EE. UU., y en 1996 obtuvo un Ph.D. en Ministerio en el Seminario Teológico de Kingsway en Iowa, EE. UU.

Desde 1993, el Rev. Dr. Lee ha tomado la batuta en el área de las misiones mundiales a través de cruzadas evangelísticas internacionales en los Estados Unidos, Tanzania, Argentina, Uganda, Japón, Pakistán, Kenia, las Filipinas, Honduras, India, Rusia, Alemania y Perú. En el año 2002 los principales diarios cristianos de Corea lo nombraron 'el Pastor mundial' por su labor en varias Grandes Cruzadas Unidas internacionales.

Hasta junio de 2017, la Iglesia Central Manmin cuenta con una congregación de más de 120.000 miembros; tiene 11.000 iglesias filiales locales e internacionales en el mundo entero, más de 123 misioneros que han sido comisionados a 23 países, entre ellos los Estados Unidos, Rusia, Alemania, Canadá, Japón, China, Francia, India, Kenia, y muchos más.

Hasta la fecha de esta publicación, el Dr. Lee ha escrito 63 libros, incluyendo algunos en lista de superventas de librería tales como *GOZANDO DE LA VIDA FRENTE A LA MUERTE, MI VIDA MI FE I y II, EL MENSAJE DE LA CRUZ, LA MEDIDA DE FE, CIELO I y II, INFIERNO,* y *EL PODER DE DIOS.* Sus obras han sido traducidas a más de 64 idiomas.

Sus editoriales cristianos se publican en los diarios *The Hankook Ilbo, The Chosun Iilbo, The JoongAng Daily, The Dong-A Ilbo, The Munhwa Ilbo, The Seoul Shinmun, The Kyunghyang Shinmun, The Hankyoreh Shinmun, The Korea Economic Daily, The Shisa News,* y *The Christian Press.*

El Dr. Lee es actualmente el líder de muchas organizaciones y asociaciones misioneras, entre ellas: Presidente de la Iglesia de la Santidad Unida de Jesucristo, Presidente vitalicio de la Asociación de Avivamiento y Misiones Cristianas Mundiales, Fundador y Presidente de la Junta de la Red Cristiana Mundial (GCN por sus siglas en inglés), Fundador y Presidente de la Junta de la Red Mundial de Médicos Cristianos (WCDN por sus siglas en inglés), y Fundador y Presidente de la Junta del Seminario Internacional Manmin (MIS por sus siglas in inglés).

Cielo II

Una invitación a la Santa Ciudad de la Nueva Jerusalén, cuyas doce puertas están construidas de perlas radiantes. Esta ciudad se encuentra en medio del vasto cielo brillante y resplandeciente semejantes a las joyas preciosas.

Gozando de la Vida Frente a la Muerte

El testimonio de la vida y de las experiencias del Reverendo Dr. Jaerock Lee, quien nació de nuevo y fue rescatado del valle de la muerte, y que desde entonces ha vivido una vida cristiana ejemplar.

Infierno

Un sincero y ferviente mensaje de Dios para toda la humanidad. ¡Dios desea que ningún alma caiga en las profundidades del infierno! Usted descubrirá una descripción nunca antes revelada de la cruel realidad del Hades y del Infierno.

Mi Vida, Mi Fe I y II

La autobiografía del Dr. Jaerock Lee proporciona un fragante aroma espiritual a los lectores a través de su vida extraída del amor de Dios que brotó en medio de olas oscuras, un yugo frío y la mayor desesperación.

La Medida de la Fe

¿Qué tipo de lugar celestial y qué tipo de corona y recompensas están preparadas para usted en el Cielo? Este libro proporciona la sabiduría y guía para que usted mida su fe y cultive una fe mejor y más madura.